카뮈를 추억하며
Albert Camus

ALBERT CAMUS
BY JEAN GRENIER

COPYRIGHT © 1968 BY ÉDITIONS GALLIMARD

KOREAN TRANSLATION COPYRIGHT © MINUMSA 1997, 2020

KOREAN TRANSLATION RIGHTS ARRANGED WITH ÉDITIONS
GALLIMARD THROUGH IMPRIMA KOREA AGENCY

이 책의 한국어판 저작권은 IMPRIMA KOREA AGENCY를 통해
ÉDITIONS GALLIMARD와 독점 계약한 ㈜민음사에 있습니다.

저작권법에 의해 한국 내에서 보호를 받는 저작물이므로
무단 전재와 무단 복제를 금합니다.

Albert Camus
카뮈를 추억하며
그르니에 선집 2
장 그르니에

이규현 옮김

민음사

서문

서문

이 책을 쓴 목적은 단지 알베르 카뮈의 몇 가지 면모를 상기시키기 위해서다. 그의 삶을 되새겨 이야기하려는 것도 그의 작품을 해설하려는 것도 아니다. 그의 삶과 작품은 이미 세세한 부분까지 연구되었으며 지금도 연구되고 있다.

이 책에는 그저 일상생활에서, 애써 조사하거나 조사받지 않아도, 함께 살아가면서 얻을 수 있는 그러한 증언이 들어 있을 따름이다. 사람들은 이 책에서 여러 가지 중요한 문제를 카뮈의 친구들과 함께 다루었기를, 인간의 본성과 인간의 운명에 대해 그들과 토론했기를 바랄 것이다.

그러나 이러한 문제들에 대해서는, 카뮈의 친구들이 이미 판단을 내렸거나, 그들의 판단 기준이 이미 정해졌거나, 독자 여러분이나 그들의 발언이 한동안 무분별하게 쏟아지고 나서 그들의 판단이 무르익거나 할 것이다.

생각이 태어날 때에는 불가피하게 부끄러움이 따라붙는다. 이는 어느 누구도 말하지는 않지만 느끼고 있는 사실이다. 부끄러움은 생각의 부화(孵化)와 깊은 관계를 맺고 있다. 이 관계는 겉보기에는 깨지기 쉽지만, 생각건대 결코 끊어지지는 않을 것이다. 그러나 스쳐 지나가듯 이루어진 대면을 개괄적으로나마 그려 내지 않고, 자신의 이름을 다른 이의 이름에 섞지 않고, 이 부끄러움 자체를 무릅쓰지 않고, 어떻게 알베르 카뮈의 몇 가지 면모에 대해 말할 수 있겠는가?

차례

서문　　　　　　　　　　　4

카뮈를 추억하며　　　　　 8

옮긴이의 말
좋은 선생, 장 그르니에 / 이규현　　193

1

카뮈를
추억하며

　나는 알베르 카뮈가 겨우 열일곱 살이었을 때 그를 찾아가 면담한 일을 언제까지나 잊지 못할 것이다. 1930년 내가 알제 고등학교에 선생으로 부임했을 때, 카뮈는 철학반[1] 학생이었다. 그는 신학기가 시작되어야 분주하게 수업 준비를 서두르는 많은 학생 가운데 하나였다. 천성적으로 규율이 없는 성격 때문이었을까? 나는 그에게 맨 앞줄에 앉으라고 말했다. 좀 더 잘 지켜보기 위해서였다. 아마 한 달쯤 지났을 것이다. 그 무렵부터 오랜 기간 동안 그는 수업 시간에 모습을 보이지 않았다. 나는 그의 소식을 물어보고 다니다가 그가 아프다는 말을 들었다. 그의 주소를 알아보았다. 카뮈는 학교 정반대 구역 끝에 살고 있었다. 그곳에 가 본 적이 없었지만 그래도 가 보기로 결심하고 카뮈의 친구인 한 학생을 데리고 택시를 잡아탔다. 우리는 그곳에 아주 일찍 도착했다. 그의 집은 초라했다. 한 층을 올라가니 카뮈가 방 안에 앉아 있었다. 그는 내게 가까스로 인사를 했다. 몸이 어떠냐는 물음에 그는 퉁명스럽게 대답했다. 그에게는 그의 친구와 내가 훼방꾼인 듯했다. 말 한마디가 끝

---

[1] 철학 바칼로레아를 준비하는 7년제 국립 또는 공립 중등학교인 리세의 최종 학년.

날 때마다 침묵이 흘렀다. 우리는 되돌아가기로 했다. 지금 와서 생각해 보니, 그때 나는 사형수에게 상고 기각을 통고하는 검사처럼 보였던 것 같다.2 그러한 태도는 학생으로서의 반항과 적의를 의미했을까? 그 적의는 나에 대한 것이 아니라 내가 사회의 대표자(학생에 대해 선생)인 만큼 사회에 대한 것이었는지도 모른다. 사실 카뮈는 나를 안 지 얼마 되지 않았고, 나로 인해 불쾌해 할 만한 어떤 이유도 없었다. 또한 자신의 열망이 이해될 수도 뒷받침될 수도 없었던 환경에서 아버지 없이 살아가는 병들고 가난한 청년의 자존심을 고려해야 했다. 그 자존심 때문에 까다로워졌을지도 모른다. 그건 그렇다 치고 조심성도 고려에 넣어야 했다. 여기서 조심성이란 고귀한 영혼의 소유자가 자신이 느끼는 불안을 남에게 털어놓고 싶지 않게 만드는 그러한 성질의 것이다. 당시 나는 이 마지막 감정을 간파하지 못했다. 그러나 나중에는 이것이 결정적이었다고 생각했다.

그래도 역시 거부의 의지는 이 젊은이의 특징적인 태도였다. 그것은 능동적인 거부였지 다른 이에게서 흔히 찾

---

2 『결혼』의 제사(題詞)로 스탕달의 다음과 같은 문구가 적혀 있다. "사형 집행인은 명주 밧줄로 카라파 추기경의 목을 매달았다. 그런데 밧줄이 끊어지고 말았다. 그래서 다시 매달아야만 했다. 추기경은 한마디 말도 없이 사형 집행인을 바라보았다."(원주)

아볼 수 있는 수동적인 거부가 아니었다. 그는 기꺼이 혁명가가 되려는 반항인이었다. 결코 회의주의자가 되기 쉬운 비관론자가 아니었다. 카뮈의 경우에는 에너지, 내면의 긴장과 존재의 고독을 통해서만 표출될 수 있는 그러한 에너지가 남아 있었다.

그 면담과 관련해 내 마음속에 남아 있던 것은 내가 볼일이 있어 찾아간 사람3이 내가 내민 손길을 여러 가지 이유 — 당시 나는 그 이유들을 제대로 구분하지 못했다 — 로 거부했다는 것이다. 상상 속에서 나는 그가 손을 등 뒤로 감추는 것을 보았다. 그 모습은 오랫동안 내 마음속에 남아 있었다.

나는 또한 그가 나 이외의 다른 이들에게서나 종교상의 교의에서 얻을 수 있는 도움도 '미리' 거부해 버리는 것을 보곤 했다. 이 중에서 종교적 교의는 위안과 소망을 가져다줄 수 있다는 단 하나의 사실 때문에, 도움받는 사람에 대한 특유의 비난을 그 자체에 내포하고 있을지도 모르는 것이었다.

3 이 사람은 사실 청소년이었을 뿐이다.(원주)

나는 그의 존재 이유와 그를 이 존재 이유에 이르게 하는 힘을 밝히지 않고는 그를 '다루기 어렵다'고 생각했다. 알베르 카뮈는 학교 사회에서 그가 만족감을 느낄 만한 몇 가지 큰 성공을 거두었다. 나라면 이 사회가 내포하고 있는 인위적인 것에 속아 넘어가지 않도록 조심했을 것이며, 이 사회에서의 성공이 단적으로 성공을 의미하는 것은 결코 아니라고 생각했을 것이다. 어느 때인가 알제 학술원에서 그에게 벨 아베스라는 곳의 선생 자리를 제의했다. 그는 그곳에 갔다가 곧장 되돌아왔다. 일은 많고 봉급은 적었기 때문이다. 그가 옳았다. 그의 동료들이 노력하지 않고 우연(상속이란 재능의 관점에서 보면 일종의 우연이니까.)의 장난으로 확보하는 자리에 비해 그 자리가 무슨 값어치가 있었을까? 안목이 낮은 사람이라면 그와 같은 생계 유지의 기회를 차 버렸다고 그를 비난했을지도 모르며, 그에게 인내심을 키우라고 설교했을지도 모른다. 사람들은 자신에게 좋은 것이라고 여기지 않으면서도, 그리고 어떤 가치가 있는지 깊이 자각하고 있는 이를 설득할 수 없는데도 어떤 미덕을 강권하는 경향이 있다. 게다가 알베르 카뮈는 생계를 유지하기 위해 얼마나 많은 직업에 종사해야 했던가? 아니, 이러한 종류의 거부를 비난할 수는 없다. 그러나 청년기에는 세계 전체에 대한 막연한 경멸과 개인적인 지배 의지가 거부에 수반될 수 있다. 청년기란 자신의 껍질을 깨고 나올 수가 없는 시기인 것이다.

 이 정신 상태는 자아에 관한 그릇된 생각의 징표일지도 모른다. 자기 자신의 인격에 대해 잘못 생각하게 되면 더욱 심각한 처신상의 잘못을 저지르게 된다. 그러나 알베르 카뮈는 자신의 힘을 오해하지 않았다. 그는 자기 자신의 가치를 정확히 판단했다. 이는 지극히 드문 예외적인 경우다. 그는 창조주에게 자신의 감정을 변명할 필요가 없었으며 어떤 섭리도 믿지 않아도 되었다. 반대로 그는 다른 이들로부터 인정받을 필요가 있었다. 또 출발 상황이 그처럼 보잘것없는 것이어서 자기주장을 할 때 짓밟힐 각오가 되어 있었다. 짓밟힌다고? 그는 이미 짓밟혀 있었다. 그는 땅 위로 솟아올라야 했다. 그것은 죽느냐 사느냐의 문제였다.

그러므로 알베르 카뮈는 자신이 원했건 원하지 않았건, 누구보다 성공을 필요로 했다. 그는 자기 자리를 잡아야 했다. 일단 자기 자리를 찾자, 더 이상의 대단한 것이 필요하지 않았다. 성공이란 많은 사람에게 여러 가지 난처한 결과를 초래하는 법이다. 그러나 그에게는 행복한 결과를 가져다주었다. 사람들이 자신의 가치를 인정하게 되었을 때부터 그는 성공에 집착하지 않을 수 있었다.

카뮈의 그토록 보잘것없는 위치는 전례 없이 높은 위치로 변했다. 그래서 다른 이들과 그의 관계가 뒤집혔다. 그는 낮게 평가받지나 않을까 하는 두려움도 없었고 그런 생각조차 하지 않았다.

그러나 여전히 다른 이들과의 거리는 남아 있었다. 그 거리는 자신과 친한 사람들에 대해서는 완전히 없어질 정도로 좁아졌지만, 그가 친밀하게 이야기 나누는 소박한 사람들을 제외한 다른 이들에게는 틀림없이 두드러져 보였을 것이다. 이러한 거리 덕분에 그에게는 반성의 시간이 마련되었다. 알베르 카뮈는 어떤 것도 경솔하게 처리하지 않았다. 누구에게나 일어날 수 있듯이, 그가 잘못 평가하는 일이 벌어졌더라도 그것은 부주의 때문이 아니었다. 그는 누구보다 방심하지 않는 사람이었다. 그에게도 속아 넘어가는 일이 일어났을지 모르지만, 설령 그렇다 해도 그것은 그가 알아차리지 못했기 때문이다. 말이 그렇지 않은가.

그의 작품에 존경심을 품게 하고 아득한 영향력을 부여하는 것은 바로 이러한 거리다.

위대함에 대한 욕망, 고귀함에 대한 동경은 그가 자신을 둘러싸고 있는 사물들을 선택하는 데에서도 드러나곤 했다. 그가 천성적으로 조심성 많은 사람이었다고 해서 그에게 온정의 천품이 전혀 없었던 것은 아니다. 그의 조심성은 물론 '나를 건드리지 말라.'는 취지를 함축하고 있었다. 그러면서도 진부한 것과 비열한 것에 대한 소박한 방어의 태도를 내포하고 있었으며, 나아가 그의 평가와 우정을 더욱 가치 있는 것으로 만들어 주었다.

나에게 깊은 인상을 남겼던 그 첫 번째 면담에 관해 다시 이야기하자면, 당시 내 대화 상대자도 그 면담을 마음속에 담고 있었다고 말하지 않을 수 없다. 십 년이 지난 뒤, 그는 내게 그때 일을 자세하게 기억하고 있다고 말했다. 그리고 내가 그에게 당시 내 해석을 알려 주었을 때, 그는 다음과 같이 대답을 보내왔다. "일반적으로 말해서, 선생님은 아마 사회를 대표했을 것입니다. 그러나 선생님이 오셨던 바로 그날 저는 제가 생각만큼 그렇게 불쌍하지는 않다고 느꼈습니다." 적의라고 생각했던 것이 나를 겨냥하지는 않았다. 그리고 좀 더 나중에 그는 왜 냉정함이 겉으로 드러났는지를 설명했다. 그것은 너무나도 내밀한 몇몇 감정을 표현할 수 없었기 때문만이 아니라 나이 차이 때문이었다고도 했다. 인생에서 일 년이 십 년의 가치를 갖는 시기에(열여섯 살에서 서른 살까지) 나이가 적은 이로서는 나이가 많은 이들이 엄청난 뭔가를 경험했을 거라고 믿게 된다는 것이었다.

이러한 사고방식은 나중에 돌이켜 생각해도 아주 당연한 듯했다. 그렇지만 알베르 카뮈와 다른 이의 차이를 축소하고 싶지는 않다. 왜냐하면 정의할 수는 없지만 글을 쓴다는 것은 때때로 서술할 수 없는 것, 재현할 수 없는 것을 묘사하는 일이므로 글을 쓰려는 사람으로서는 반드시 정의해야 할 그 무엇이 이 차이에 감춰져 있기 때문이다. 그것은 개성의 축소 불가능한 부분이다. 이를테면 입항(入港)을 어렵게 만드는 암초, 또는 단순히 항해 용어로서의 부동성 때문에 지표 구실을 하는 '항로 표지'인 셈이다. 만일 타인과 당신 사이에 접촉이 너무 쉽게 이루어진다면, 만일 당신이 타인과 곧 동일 평면상에 있게 된다면 어떤 결과에 이를 것인가? 사람들 사이의 관계는 이 경우처럼 긴밀할수록 더 부질없다.

    우리가 관계를 맺기 시작한 바로 그 순간에 생긴 오해는 물론 오래 지속되지 않았다. 내가 이 오해를 언급한 것은 곧 뒤따른 깊고 지속적인 애착의 감정이 오해에 의해 더욱 두드러지게 되었기 때문이다. 그래서 나는 내가 오해하게 된 이유를 충분히 표명한 것이다.

그가 나로부터 '배운 것'? 그를 가르칠 책임이 있지만 그에게 저도 모르게 자신의 꿈들을 전달하기만 한 유별나지 않은 사람이 그의 곁에 있었을 뿐이다.

글을 쓴다는 것은 자신의 강박 관념들을 정리하는 것이다.

이것이 내 경우였고 그에게 영향을 미칠 수 있었다고 해도 그것을 결코 내가 확고하게 의도한 것은 아니었다. 자신 속에 갇혀 있는 자는 다른 이들에게 관심을 기울이지 않으며 다른 이들을 인도하려고 하지도 않는다. 그러나 몇몇 정신적 재능의 부화에 깊은 감명을 받고 도움을 줄 수는 있다.

내게 맡겨진 젊은이들에게 나를 붙들어 매는 요소가 있다면 그것은 내가 그들에게 가르칠 책임이 있는 것이라기보다 오히려 내가 그들로부터 배울 수 있다는 사실이었다. 내 책무에서 성공할 수 있는 방법은 이것뿐이라고 믿었다.

나는 학생들의 조심성에 직면하곤 했다. 그것은 정신적인 조심성으로 성인이 되어 자신이 생각하는 것, 자신이 느끼는 것, 자신이 바라는 것을 말하는 데에 (지나친) 부끄러움을 갖지 않게 되면 곧장 사라지는 자연스러운 조심성이었다. 사실을 말하자면 아마 청소년은 아직 그렇게 할 줄 모를 것이다. 청소년이 조숙하고 언어가 완전하지 않은 지방[4]이어서인지 이처럼 수줍어하는 마음과는 대조적으로 몸가짐은 얌전치가 않았다. 나는 각자의 진로를 알기 위해 개개인과 단둘이 만나려고 애썼다. 아직 존재하지 않았을 뿐더러 설령 있었다 하더라도 내가 감당할 수 없었을 과학적이고 전문적인 방법을 통해서가 아니라, 겉보기에 진부한 주제를 놓고 자유롭게 대화하는 방법으로 개개인에게 접근해 갔다. 그런데도 많은 학생들이 나와의 대화를 피하려고 했다. 확실히, 물론 실현성이 있어야 했을 테지만, 다른 방법이 더 나았을 것이다.

    학생들에게서 알제 근교의 내 집으로 날 만나러 오겠다는 약속을 받아 낸 것은 그런대로 큰 성공이었다. 단지 호기심에 이끌려 온 학생들과 대화할 수 있었으며 그들에게 책, 특히 최근의 책을 빌려주거나 그냥 줬다. 우리는 당시 사상적 동향과 저자에 관해 얘기하곤 했다.

---

[4] 프랑스령 알제리.

대학생이 되었거나 '그랑제콜 입시 준비' 반에 등록한 학생들이 글을 써 보겠다고 했을 때, 나는 그들에게 주제를 제안하고 지방 정기 간행물에 그들의 글이 실리도록 애썼다. 그들이 남몰래 쓴 것을 모든 이에게 드러내 읽히도록 하는 것이 그들을 격려하는 일이라고 생각했다. 내가 생각하기에 출판은 하나의 자극제였다. 그것은 또한 뭔가를 드러내 주는 것이었음에 틀림없다. 왜냐하면 자신을 표현하지 않는 한 자신을 알 수는 없기 때문이다.

그들의 글은 어쩔 수 없이 수준이 고르지 못했다. 그래서 나는 그 글들의 고유한 가치에 대해 환상을 품을 수 없었다. 그렇지만 여러 학생들 가운데 알베르 카뮈가 베르그송과 일반 철학에 관해 글을 썼다는 것은 무관심하게 지나칠 수 없는 일이었다.

그는 나와 친분이 쌓이면서, 그리고 내가 글을 쓰는 것을 보고서 자신도 '글을 쓸' 수 있다고 생각했다. 그때까지는 대부분 교양과 지성을 갖추고 있으나 자신의 생각을 마음속에 묻어 놓고 출판에 착수할 때에도 일반적으로나 역사적으로 흥미로운 사실에 대해서만 이야기하는 사람들밖에 몰랐다. 자기 자신에 대해 말하려면 반드시 대담성이 있어야 한다. 누구보다 먼저 나 자신이 이 점을 납득하고 있었으므로 나는 몸소 그렇게 하지 않을 수 없었다. 내가 실례(實例)의 구실을 하게 된 것이다.

내가 본보기였을까? 문학상의 본보기? 이것은 내가 판단할 문제가 아니다. 처음에는 아마도 그랬을 것이다. 그러나 『이방인』이전의 글에서도 나와의 차이점들이 분명히 나타나 있으며 문체도 매우 개성적이다.

내가 영감을 주었을까? 그렇다, 아주 간접적으로. 가령 내가 지중해를 예찬한 것은 대조적으로 대서양처럼 끊임없이 변화하는 몽상에 싸인 켈트족적 상상력을 통해서다. 그런데 알베르 카뮈에 따르면 그 대목들이 그에게 촉매구실을 했다는 것이다. 그럴듯하게 들리지만 그렇다고 인정하는 것은 동시에 그 촉매 작용의 한계를 보여 준다. 우리의 정신 속에는 발아가 보류된 얼마나 많은 씨앗이 피어나기에 유리한 상황을 기다리는지! 바로 그때에 기회가 주

어졌을 뿐이다.5

    알베르 카뮈의 사유가 얼마만큼 내 사유에 빚지고 있는가 하는 질문이 제기될 때마다 대답하기가 어렵다. 시대를 특징짓는 여러 가지 일반적인 주제가 있기 마련이기 때문이다. 1914년 전쟁이 발발한 뒤 낭만주의적 풍조가 거세게 일었고 이에 따라 고독과 죽음과 절망이라는 영원한 주제들이 되살아났다. 『섬』(다시 말해 고립)은 파스칼에 의하면 인간이 처해 있는 외진 섬이라는 소재를 다시 다룬 것이었다. "나는 인간의 맹목과 비참을 바라볼 때면⋯⋯ 마치 외지고 몸서리 나는 섬에 잠든 채 떠밀려 자신이 어디에 있는지도 모르고 빠져나갈 수단도 없이 잠에서 깨어나는 사람처럼 공포에 휩싸인다."

    이것은 인간에게 호소할 어떤 것도 남겨 놓지 않기 때문에 알베르 카뮈에게는 낙담하게 하고 받아들일 수 없을 것처럼 보인 세계관이다. 그렇지 않다. 이 세계관은 종교와 사회, 어떤 신앙과 어떤 희망에의 호소를 배제하지 않았다. 그러나 이러한 호소가 언급되었을지언정 힘주어 강조되지

---

5 단테는 다음과 같이 요약한다. "재 속의 작은 불씨가 커다란 불꽃을 일으키나니."(『신곡-천국편』)(원주)

는 않은 반면, 인간의 비참은 적나라한 광경으로 백일하에 펼쳐졌다. 위안을 주는 진리에 대한 동의 여부는 사적인 영역에 속하기 때문이다. 열쇠가 없는 사람은 사적인 영역으로 들어가는 것이 금지되었다. 출구가 실재했다 해도(이 경우에는 출구라는 낱말이 정확할 것이다.) 그것은 명명하기 불가능하고 틀림없이 자연임과 동시에 자연 이상일 어떤 것과 한순간 접촉함으로써 생겨나는 황홀경에 있었다. 고뇌에서 구원으로 넘어가는 길은 파스칼이나 도스토옙스키의 길보다는 몽테뉴나 낭만주의 작가들의 길에 더 가까웠다. 그때 '인간'은 고려되지 않았다. 여기에서 내가 의미하는 '인간'은 형이상학적인 것도 초자연적인 것도 선험적으로 내포하지 않는 존재다. 나의 출구는 '비인간'을 향하고 있었다.6

　이는 알베르 카뮈가 프랑스의 '라디오—텔레비전' 방송에 나와 대담하며 강조한 것이다. 그는 "장 그르니에는 인간주의자가 아닙니다."라고 말했다. 이는 다음과 같은 의미였다. '그르니에는 인간에게 절망하여 다른 데에서 구원

6　오늘날 사람들이 이해하듯이 '사물' 쪽을 향해 있다는 의미가 아니다. 그 반대다.(원주)

을 찾습니다.' 반대로 카뮈는 '가능성의 영역'만을 탐색하고 싶어 했으며, 그의 작품은 인간미에 대한 강조로 인해 몹시 애절하다. 그러나 그의 작품은 절대에 대한 엄청난 갈망으로 시작되지 않았던가? 순수한 반항이라는 그의 초기 행보와 희망(그가 주도한 총서의 제목)에 대한 그의 호소 사이에 대립은 없었지만, 그는 자신을 '부정'에서 '긍정'으로 인도한 길을 뒤따랐고 이를 해명하기도 했다.

인간주의자? 나는 스스로 인간주의자라고 생각했다. 현대 세계, 현대 과학, 기술과 무관한 이라면 바랄지 모르는 고전 문예, 고대 언어, 교양에 대한 나 자신의 애착 때문이었다. 그러나 다른 한편으로는 '뒷세계'[7]에도 여전히 집착하고 있었다. 나는 '여기' 살면서도 내 존재의 본질적인 부분은 '다른 곳'에 있으며, '지금' 살아가고 있으면서도 비시간적인 것과 완전히 일치하고 있다고 가끔 느꼈다.

'인간주의'라는 낱말에는 틀림없이 두 가지 의미가 있을 것이다. 이로 말미암아 두 정신이 서로 가까이 동시에 서로 멀리 떨어져 있을 수 있다. 인간이 자라는 부식토를

---

[7] 니체에 의해 발전된 개념으로 뒷세상 또는 내세뿐만 아니라 형이상학 또는 초월적 이상의 세계도 가리킨다. 이에 대해 니체는 삶의 감각 세계를 맞세운다.

이루는 지상적인 것을 온전히 사랑한다는 점에서 서로 가깝다. 한쪽은 인간의 본성에 만족하지 않는 반면 다른 한쪽은 스스로 인간의 본성이라는 한계를 지킨다는 점에서 서로 멀리 떨어져 있다.

인간의 본성에 만족하지 않는 사람은 아마 마음이 약해서 그럴 것이다. 그는 술을 마실 마음이 없어서가 아니라 술을 감당할 수 없어서 다른 사람이 권하는 술잔을 거절한다. 이상이 언제나 현실의 초월이라고 믿어서는 안 된다. 비시간적인 것, 비공간적인 것, 영원한 것 등에서는 알리바이만 찾을 수 있을 뿐이다. 이는 『페스트』에서 신도들이 상상할 수조차 없는 이러한 존재(신이다.)에 대해 경멸의 어조로 말하는 알베르 카뮈 같은 사람에게 혐오감을 준다. 이점에서 카뮈는 자가당착에서 벗어나 있었다.

그러므로 카뮈는 자기 자신을 인간주의자라고 말할 권리가 충분히 있었다. 그는 인간만을 눈앞에 두고 있었으며 인간에 대해서만 말했다. 그의 지평은 시간상 그토록 한정된, 그러나 충족되지 않은 욕망과 치유할 수 없는 사랑으로

카뮈를
추억하며

가득 찬 인간의 삶 바로 그것이었다. 영웅적 정신과 성덕(聖德)이 그에게 큰 의미를 지녔다 해도 이는 그것들을 떠들썩하게 내세우지 않는 사람들에게서였다. 그는 다른 세계와 다른 삶이 가능하다는 것을 배제하지도 않았다. '알 수 없는 것'에 대해 어떻게 의사를 표시할 수 있겠는가? 그로서는 '상상할 수 없는 것'이라는 규정으로 충분했다. 이것만으로도 그는 불가지(不可知)한 것에 대해 생각해 보고 싶은 유혹을 충분히 물리칠 수 있었다.

이러한 태도에 위대함과 신비에 대한 감각이 포함되지 않는 것은 결코 아니다. 삶, 지금 우리에게 베풀어져 있는 이 삶이 아무리 고통스럽고 아무리 덧없다 해도 이 삶을 사랑하는 태도는 에우리피데스[8] 같은 사람들마저 찬양하고 있다. 그러나 알렉산드리아학파[9]의 철학자들이나 오르페우스교[10] 또는 비교(秘敎) 신도들이 보여 주었듯이 다른 태도, 곧 내세를 향하는 사람의 태도라고 해서 인간주의와 양립할 수 없는 것은 아니다. 달리 말하자면 영원히 숙명적으로 인간이 약하다는 징후인 것은 아니다. 인간에게 주어져

27

---

8 Euripides(기원전 484?~기원전 406?). 고대 그리스 3대 비극 시인 가운데 한 명.

9 기원전 1세기부터 수 세기에 거쳐 알렉산드리아를 지배한 학파. 그리스 철학, 특히 플라톤 철학과 동방의 종교가 결합해 형성되었다.

10 기원전 7세기 무렵부터 고대 그리스에 퍼져 있던 비밀 종교. 금욕 생활을 통해 구원받아야 한다고 주장했다.

있는 것과 인간에게 거부된 것 사이의 경계를 누가 결정할 수 있단 말인가?

그러나 알베르 카뮈는 그런 태도에 쉽게 속아 넘어가 단지 의심쩍을 뿐인 미지의 땅을 아주 신중하게조차 탐험하지 못하게 되지나 않을까 몹시 두려워했다.

3세기 전에 이미 누군가가 말했듯이, 그는 어떤 사물이 명백히 진실이라는 것을 겪어서 알기 전에는 결코 그것을 진실로 받아들이지 않으려고 했다. 그래서 그는 '실존적인 것'에 대해서도 경계를 풀지 않았다. 내가 실존이라는 제목의 공저에 참여해 줄 것을 그에게 요청했을 때, 그는 자신과 실존주의 사이의 거리를 드러내 보이려고 무척 애썼다. 그는 그 공저가 오롯이 실존을 대상으로 하는 분석임을 알았을 때 내 요청을 받아들였고, 『반항하는 인간』의 앞부분에 해당하는 원고를 건네주었다.

○

따라서 쉽게 이해할 수 있다시피, 그는 '섬'이라는 제목으로 묶여 나온 몇몇 글들을 읽고는 인간 조건에 대한 비관적인 직관에 정신적으로 흔들렸다. 그래도 그 글들에 낙관적인 측면이 없었던 것은 아니다. 즉 나중에 '특별한 은총의 순간'이라고 불린 것에 호소하는 측면이 있었다. 그러나 그가 보기에는 이 긍정적인 양상이 부정적인 양상보다 더 암울한 것이었다. 카뮈 스스로 말하곤 했듯이, 그는 빛에 대해 "예."라고 말하기만을 요구했다. 그러나 이 '긍정의 대답'이 결정적이어야 한다는 조건에서였다. 내게는 이것이 들어맞지 않았다. 왜냐하면 이 '긍정의 대답'은 도피, 언제나 불확실하기만 한 도피의 주문(呪文)11일 뿐이었기 때문이다.

---

11 『천일야화』에 나오는 "열려라, 참깨"라는 주문과 같이 어려움을 해결하는 수단이다.

○

그를 다시 생각하거나 그의 편지를 다시 읽을 때, 그리고 내 기억 속에서 그가 한 말들의 메아리를 들을 때면, 나는 기분이 좋을 뿐만 아니라 그가 사람들 앞에서 내보인 확신, 때때로 드러낸 냉정함 또는 그저 초연한 얼굴빛과 정말이지 그가 끊임없이 마음속으로 물음을 제기했다는 점 사이의 대조를 거의 몸으로 느낀다. 전쟁 직전에 그는 나에게 편지를 써 보내곤 했다. 그 편지들에서 그는 내가 기대하고 있었던 것과는 반대로 진정한 사상가가 될 자신이 없다고, 사상의 역설적인 측면, 신랄하고 쉬운 측면에 끌리고 있으며, 이는 이미 지적 정직성의 징표가 아니라고 토로했다. 그런데 이러한 근심은 그가 아마추어 예술가가 아님을 입증하는 것이었다. 나는 그가 무대에서 연기하는 것을 보고 그를 크게 칭찬했다. 이에 대해 그는 실제로 배우가 되었으면 하고 바랐지만 자신의 나라12에서는 불가능하다고 생각했으며, 자신에게는 탈출구가 없다고 대답했다. 요컨

---

12 이 경우에는 알제리.(원주)

대 '얼마 동안은 그렇게 보였거나 그렇게 보이기를 원했을 테지만' 그는 '행복한 사람'이 아니었다. 그는 행복에 포함되어 있는 행운의 몫을 헤아려 보았기 때문이다. 그는 '오만한 사람'도 아니었다. 다른 이들에게 신세 지고 있다는 것을 알고 있었기 때문이다. 그는 또한 '자신감에 넘친 사람'도 아니었다. 농부가 자신의 노력 없이는 아무것도 산출하지 않는 토지의 결실에 애착을 느끼듯이, 자신의 생각을 중시하면서도 자신의 생각에서 무엇이 확고한 것일 수 있는지를 늘 자문했기 때문이다. 그는 결실을 얻었다. 그러나 요행으로 얻은 것은 아니다.

알베르 카뮈의 삶에 뚜렷한 흔적을 남긴, 그리고 내가 아주 가까이에서 목격한 여러 사건과 위기에 대해 말하는 것은 격에 맞지 않는 일일 것이다. 이것들은 내밀한 전기에서나 다룰 수 있는 문제다. 반대로 그가 내게 우선 『안과 겉』, 훨씬 나중에 『반항하는 인간』을 헌정한 까닭에 내가 그에게 빚지고 있는 감사와 내가 펴낸 책들에 대해 그가 끊임없이 보여 준 관심을 독자들에게 알리는 것은 자연스러운 일일 것이다. 그러나 이러한 것에 대해 굳이 말을 한다면 추잡한 꼴이 될지도 모르겠다. 나는 언제나 그의 찬사가 과장된 것이라고 생각해 왔다. 내 책들은 값어치가 고르지 않았고 언제나 그와 동일한 방향으로 쓰인 것은 아니었기 때문이다. 예컨대 무위(無爲)의 학설인 도교에 대한 변호13에 관해 그는, 삶에 등을 돌리는 사유를 역설적이고 적용 불가능한 방식으로 교묘하게 제시한 책이라고 했으며, 다른 저서들에 대해서는 찬사를 보내면서도 이 호교론에 대해서는 정직하게도 굳이 좋게 말하려 하지 않았다. 그에게 깊은 영향을 준 책은 생각건대 세 권, 즉 『섬』, 『지중해의 영감』, 『정통 정신에 관한 시론』일 것이다. 그는 『섬』에 대해서는 완전한 고독감을, 『지중해의 영감』에 대해서는 태양에 관한 열광을, 『정통 정신에 관한 시론』에 대해서는 진실에 대한 사랑을 높이 평가했다. 그의 작품에는 이 읽을거리들의 흔적, 더 정확히 말하자면 이 읽을거리들에 관한 명상의 흔적이 남아 있다.

    그러나 그가 나에게 표시한 찬탄 때문에 나는 난처한

---

13 장 그르니에 자신의 저서인 『도의 정신』을 가리킨다.

카뮈를
추억하며

기분이었다. 그가 『섬』의 재판에 붙이기 위해 쓴 서문을 읽었을 때에도 몹시 당혹스러웠다. 나의 언급(대개의 경우 자질구레한 관찰에 한정되었다.)을 참작하려고 자신의 책을 출간하기 전에 읽어 달라고 보내온 것만 해도 대단한 일이었거니와, 내가 1925년부터 자주 들러 내 삶의 일부가 되어 버린 루르마랭 마을에 집을 한 채 사겠다고 알려 주면서 내게 "선생님의 발자취에 제 발자국을 남깁니다."라고 말한 것도 대단한 일이었다.(그러나 르네 샤르가 여러 해 전부터 이미 카뮈를 이 지방으로 끌어들였다. 카뮈는 르네 샤르에게 커다란 감탄과 우정을 내보이고 있었다.) 결국 그는 내가 기뻐할 것이라고 생각하고는 내가 자신에게 맡긴 그 서문을 꼭 쓰고 싶어 했다. 1958년 10월의 일이었다. 나는 그가 서문을 덜 호의적인 방향으로 수정하길 변함없이 바라면서 출간을 늦췄다. 1959년 12월 28일 그는 내게 편지를 보내왔다.

『섬』의 재판본을 받고 싶습니다.
출간이 늦어지고 있습니까?

나는 답장할 시간이 없어서 연하 전보를 보내는 것에 만족해야 했다. 그래서 그는 내게 사후의 선행으로 남겨 놓은 그 서문의 출간을 지켜보지 못했다.14

타인에 관해 이야기하면서 자기 이야기를 하는 것은 부당한 일로 보일 것이다. 그러나 누구의 잘못이겠는가? 나는 알베르 카뮈를 오래전부터 가르쳐 왔다. 그는 내게 많은 신세를 졌다고 늘 되풀이해 말했다. 내가 그에 대한 자료와 추천의 요청에 비추어 납득할 수 있었듯이, 불행히도 그는 과장이 좀 심하다고 여겨졌다. 그래서 나는 어떤 사람이 흔히는 자신도 모르게 청년에게 끼치게 되는 영향처럼 포착할 수 없는 유동적인 것들에 관해 말할 때 가능한 한 실상을 정확하게 밝히려고 애썼다. 그는 나보다 열다섯 살 아래였다. 내가 그를 만나게 된 시기(그의 나이 열일곱 살)에 비추어 보면 이는 상당한 것이었다.

그가 내게 표하곤 한 그 경의(敬意)에 변화가 생기고 있다는 것을 나는 조금씩 확인할 수 있었다. 그것은 애정 어린 감사의 표시에서, 본인의 뜻에 반하여, 바위에 영원히

---

14 카뮈는 1960년 1월 4일 루르마랭에서 파리로 돌아오는 길에 자동차 사고로 사망했다.

새겨진 비명(碑銘)과 비슷한 일종의 기념물로 변해 갔다. 행인들은 그의 이름에 내 이름을 연결하는 이 비명을 — 너무나 분명해서 강조할 필요조차 없는 그와 나 사이의 온갖 불일치와 빈틈에도 불구하고, 그르니에가 카뮈의 '고등학교 선생'이었지 하면서 — 읽을 도리밖에 없었다.

역사는 필히 이처럼 쓰일 것이다. 그러나 역사는 아무리 진실한 것이라고 해도 책들에서 피상적인 것, 하찮은 것, 그리고 일상적이라고 치부되는 본질적인 것을 한쪽으로 제쳐 놓기 십상이다. 본질적인 것이란 사실 사람들이 말한 모든 것, 특히 매 순간 눈으로 보면서도 사랑하는 이들에게는 말할 수 없었던 모든 것이다.15

---

15 몽테뉴는 정말 운이 좋게도 다음과 같이 쓸 수 있었다. "우리가 친구들을 여의게 되었을 때, 그들의 말을 하나도 잊지 않았다는, 또한 그들과 완전한 소통을 이루었다는 것을 앎으로써 받는 위로보다 더 감미로운 것은 하나도 없다."(원주)

2

카뮈를
추억하며

왜, 어떻게 알베르 카뮈는 공산당에 가입했는가? 오래 지속되지도 않은 공산당 가입 사실1이 그의 작품과 직접 관련 있는 것도 아닌데, 이 질문은 늘 많은 사람들에 의해 제기되고 있다.

○

인민전선2 시기에 알제에는 동요의 분위기가 감돌고 있었다. 이러한 분위기는 흔히 생각하는 것처럼 아랍인들 사이보다는 아랍인들에게 호의적인 유럽인들 사이에서 더 고조되었다. 아랍인들이라고 해서 시위를 하지 않은 것은 아니었지만, 그들은 자신들이 벌이는 시위의 의미를 잘 이해하지 못했다. 누군가가 문맹자들 앞에서 "방방곡곡에 소비에트3를" 하고 선창하면, 그들은 "모든 이에게 구두를" 하고 외쳐 댔다.4 듣기에 이것은 거의 같은 것이었으며, 뜻을 이해하는 자들에게는 너무나도 절박한 진실이었다. '문화원'이 설립되었고, 알베르 카뮈는 간사장이 되었다. 거기에

---

1 카뮈는 1935년 장 그르니에의 조언에 따라 알제리 공산당에 가입했다가 약 2년 만인 1937년에 반프랑스 투쟁으로의 노선 전환에 반대하다 공산당에서 제명당했다.
2 1935년에 결성된 좌파 연합.
3 인민의 대표자 회의. 본디 평의회의 뜻이다.
4 시위에 가담한 아랍인들은 대부분 문맹자여서, 'Les Soviets partout.'

서 많은 모임이 열렸다. 이런 모임을 통해 그는 지중해 문화가 라틴 문화에 대한 광신적 숭배로 흘러서는 안 된다는 조건 아래, 지중해 문화의 필요성이라는 주제를 전개했다. 실제로 라틴 문화는 파시즘 선전에 악용되곤 했다. 그는 지중해 문화가 스페인에 널리 퍼지기를 바랐다. 스페인은 유럽과 북아프리카 사이에서 항구적인 소통을 유지하고 동방이 양쪽의 공통 기원임을 보여 주는 나라이기 때문이었다. '프랑스—이슬람 동맹'이 창설되었고, 토착민들의 의회 진출을 주장하는 소책자들이 발간되었으며, '에스프리' 그룹이 창립되었다. '에스프리' 그룹에서는 나도 발언할 기회가 있었다. 토착민 해방과 사회의 진보라는 동일한 목적 아래 '학생 연합회'도 생겨났다. 문화원의 한 지부 '시네—트라바유'(영화—노동) 덕분에 알제뿐만 아니라 여러 도시에서도 영화가 상영되었다. 나도 프랑스 마세릴5의 「사상」, (스페인 내란에 관한)「스페인 1936년」, (1914~1917년에 관한 소련 영화)「여자 친구들」, (공화파 민병대에 의한)「시에타모 점령」 등 몇몇 영화를 관람했다.

를 'Des souliers pour tous.'로 알아들었다.
5 Frans Masereel(1889-1972). 벨기에 태생으로 프랑스에서 활동한 반자본주의 성향의 판화가, 화가, 삽화가.

그러는 동안 지드의 책 『소련 기행』이 큰 반향을 불러일으켰다. 《코뮌》(공산주의 지식인들의 잡지로 발간 지역인 파리 외에서도 구독자가 많았다.)의 동인 그룹은 1936년 11월 토론회를 개최했는데, 거기에서는 나중에 매우 시시한 것으로 변해 버린 온갖 관점이 개진되었기 때문에 토론 내용을 요약하는 것은 쓸데없는 일이다. 일반적으로 참석자들은 스탈린 편을 들었다. 스탈린은 히틀러나 무솔리니와는 달리 모든 러시아인들에게 표현의 자유를 주었으므로, 그를 히틀러나 무솔리니와 비슷한 독재자로 여겨서는 안 된다는 것이었다. 지드는 정치적, 경제적 문제를 충분히 알지 못하는 처지에서 경솔하게 말했다. 어쨌든 그가 진실을 말했다 하더라도 그의 책은 출간 시기가 적절하지 않았다. 게다가 900만 권의 책을 소장한 도서관이 있고 원하는 책을 자유롭게 빌릴 수 있는 나라에서 문화가 교살당하고 있다고 어떻게 주장할 수 있겠는가?

알베르 카뮈가 참석하지 않은 그 토론회 문제를 붙들고 늘어져서는 안 될 것이다. 내가 굳이 그 토론회에 대해 이야기하는 것은, 많은 사람들이 체제 변화에 대해 품은, 나아가 완벽할 정도로 성실하게 표출한 매우 커다란 희망을 그 토론회에서 뚜렷이 읽어 낼 수 있기 때문이다.

알베르 카뮈와 그의 '노동 극단'(Théâtre du Travail)6 동료들(이 극단은 적극적인 정치 활동을 하지 않게 된 후 극단의 이름을 '작업조 극단'(Théâtre de l'Equipe)으로 바꾸었다.)이 바브 엘 우에드7에 있는 파도바니 해수욕장의 홀에서 공연한 연극은 훨씬 독특한 것이었다. 바닷가 말뚝 위에 나무로 지어져 매우 초라했던 그 홀의 모습이 떠오른다. 일요일이면 해수욕객들이 홀 아래 탈의실에서 옷을 갈아입고 그곳에 올라가 아니스주를 마시거나 춤을 추곤 했다. 바로 거기에서 「경멸의 시대」가 공연되었다. 이 연극은 여러 장(場)으로 나뉘어 있었으며, 말로가 흔쾌히 전보로 공연 허가를 보내 주기도 했다.8 그것은 분명히 루이 미겔9의 소박한 무대 장치, 친위대 제목, 현대적인 의상, 회합 참석자 같은 관객의 모습 등 임시변통의 수단들로 이루어진 아마추어 공연이었다. 그러나 틀림없이 '아스투리아에서의 반란'이라는

---

6 1936년 알베르 카뮈가 알제에서 혁명적인 젊은 지식인들, 마르크스주의에 물든 대학생들, 전투적인 예술가들 및 노동자들과 함께 창설한 극단이다.
7 알제 인근 소도시로 아랍어로 '강의 문'이라는 뜻이다.
8 「경멸의 시대」는 1935년에 출간된 앙드레 말로의 동명 소설을 각색한 것이다.

제목으로 행해졌다고 기억되는 공연처럼, 열성으로 가득 찬 공연이었다. 하지만 홀 사용이 거부된 탓에 오래가지는 못했다.

알베르 카뮈는 이 모든 행사의 중심인물이었다. 나는 그가 재능으로 보아 반드시 커다란 정치적 역할을 할 것이라고 생각했다. 그의 나이에는 야망이 자연스러운 것이었으며, 특히 그에게는 당연한 것 이상이었다. 그는 어느 쪽으로 노력을 경주할 것인가? 물론 자신의 이상과 이상의 실현을 약속함으로써 열광을 일으키는 쪽으로 나아갔을 것이다.(나는 유급 휴가와 주당 노동 시간의 단축을 비롯한 여러 가지 소소한 개혁을 실현하는 데에도 거의 혁명과 같은 것이 필요하다는 사실에 놀랐다.) 공산당은 인민전선에서 '최고의 행동파'였다. 자신만만하고 규율이 바른 까닭에 가장 매력적인 일파였다. 새로운 쥘리앵 소렐10에게 이 이름에 걸맞은 경력을 보장할 수 있었다. 다른 한편으로 공산당 같은 대중 정당은 더 이해하기 쉽지만 그다지 쓰이지 않게 된 (또는 가증스런 체제에서 사용되는) '영도자'라는 용어를 피

---

9 Louis Miguel(1913~1987). 알제리 출신의 프랑스 건축가.
10 스탕달의 대표작 『적과 흑』의 주인공. 미천한 제재소 집안 출신으로 신분 상승과 출세의 야망을 실현해 나간다.

하려고 요즈음 말해지듯 '간부'나 예전에 말해졌듯 '책임자'를 필요로 했다.

그래서 나는 알베르 카뮈에게 공산당에 입당하라고 조언했다.

알베르 카뮈 쪽에서 이 선택에 아주 심각한 이의를 제기할 수 있었을까? 나는 그렇지 않다고 생각했다. 그는 신앙을 존중하면서도 신앙을 갖지는 않았다. 헬레니즘과 기독교의 만남이 그의 성찰의 주제였다는 것을 알려 주는 편지가 있기는 하지만(내가 학생들의 시론을 발표하게 한 잡지 《쉬드》에 실렸던 그의 졸업 논문과 베르그송에 관한 논문도 그의 성찰이 나아간 방향을 일러 준다.11) 그는 사상사를 공부했기 때문에 어느 하나의 교의를 선택해서 그쪽으로 나아가지는 않았다. 냉담한 태도를 견지하면서 삶과 사유의 방법을 끌어낼 수 있는 근본 진리를 찾으려는 편이었다. 당시로서는 자신이 처한 굴욕적인 생활 형편에 감정이 예민해져 있었다. 장학금을 받고 자질구레한 일자리를 얻는 것은 만성적인 궁핍을 완화하는 임시방편에 지나지 않았다. 그

---

11 또한 1932년 6월에 발표된 「쇼펜하우어와 니체의 음악 개념」, 그리고 1933년도의 한 소논문도 있었다. 로제 키요가 편집한 플레이아드 판 2권 참조.(원주)

의 중편 소설 「말 없는 사람들」에 잘 나타나 있듯이, 카뮈는 부르주아들이 알지 못하는, 그러나 형제애적 열기로 가득 찬 사회에 연대감을 느끼고 있었으며, 유럽인과 원주민의 상황이 판이하게 다르다는 점에 가슴 아파했다. 요컨대 특권과 위험이 있더라도 자신의 신념에 어긋나지 않는, 그러면서도 자신의 진가를 발휘하고 위험을 무릅쓰는 그러한 경력 쪽으로 나아갈 준비가 되어 있었다. 그로서는 위험 없는 인생이란 생각할 수도 없었을 것이다. 그러므로 모든 것이 잘 어우러져 이 선택을 정당화하는 듯했다. 이것이 그날 저녁 내가 사는 파르크 디드라12 끝에서 그가 도회지로 다시 내려가기 위해 전차를 탈 콜론 부아롤13까지 알베르 카뮈를 데려다주면서 아주 진지하게 했던 생각이다.

　나의 이런 생각은 잘못된 것이었다. 알제리에서 공산당이 정책을 변경해 당시 유일한 야당이던 알제리 인민당(PPA)을 인정하지 않고 인민당 당수에 대한 지지를, 그것도 전술상의 몇몇 이유 때문에 거부하게 되리라고는 전혀 예상하지 못했다. 어쨌든 십중팔구 결별이 엄습하게 되어 있

12　이드라는 알제 도심에서 남서쪽으로 6킬로미터 떨어진 소도시. 파르크 디드라는 이곳에서 가장 오래된 동네다.
13　알제의 외곽 동네.

었다. 왜냐하면 어느 때인가는 목적과 수단 중 하나를 선택해야 했을 것이기 때문이다. 알베르 카뮈라면 선택을 회피하지 않았을 것이다.

그러니까 내가 내 조언의 대상인 사람을 전혀 존중하지 않았단 말인가? 그렇지는 않았다. 그러나 그의 입장에 서서 숙고해야지 하면서도 충분히 그러질 못했던 것 같다. 나는 시국이 어떻게 변할 것인지조차 예측하지 못하고 있었다.14

처음에 나는 알베르 카뮈가 내가 제안한 길로 접어드는 것을 보고 만족했다. 나중에는 그가 다른 길, 곧 누구로부터도 강요받지 않은 자신만의 길을 따라가는 것에 행복해했다. 마치 그가 실제 사태는 아니지만 어떤 시련에 빠졌다가 결정적으로 성숙해져서 나온 듯했다.

8월 21일 자15 편지를 소개한다. 이것은 티파자16에서 쓴 편지로, 알베르 카뮈는 잃어버렸던 내면의 고요를 거기에서 되찾는다.(추신에서 이렇게 밝히고 있다.) 내게는 오랜 세월이 지난 지금 이 편지가 더욱 감동적으로 다가오는 듯

---

14 인간은 행복에 대한 권리가 있는 것이지 반드시 진실에 대한 권리가 있는 것은 아니라는 그 일반적인 격언이 내 숙고의 출발점이었다. 당시 나는 진실 탐구, 이것에 따르는 양심의 가책과 번민이란 부러워할 만한 운명을 누리지도 못하고 세상에서 기대할 것도 없는 이들이 감당할 수밖에 없는 것이라고 생각했다.(원주)
15 1934년.(원주)

하다.

 선생님께서 저에게 공산당에 가입하라고 충고하신 것은 옳은 판단입니다. 발레아르 군도(群島)17에 들렀다가 돌아오면서 가입할 예정입니다. 선생님께만 고백합니다만, 그들에 대해 커다란 매력을 느끼고 있으며, 그러한 경험을 하기로 결정했습니다. 저로서는 이른바 공산주의의 난점들을 경험해 보는 것이 나을 듯합니다. 그래야 그들의 계획을 더 잘 알게 될 것이며, 그들의 몇몇 논거에 어떤 가치를 부여하는 것이 합당한지를 판단할 수 있을 것입니다. 많은 생각을 했습니다만, 지금까지 생각으로는, 공산주의가 극단적이라는 평판은 몇 가지 오해에 기인한 듯합니다. 이 오해에 대해서는 무난하게 반박할 수 있다고 생각합니다. 공산주의가 때때로 공산주의자들과 다르기 때문입니다. 오랫동안 저를 가로막아 온 것, 그토록 많은 사람을 가로막고 있는 것은, 생각건대 공산주의에 결핍되어 있는 종교 의식입니다. 다시 말하자면 인간만을 고려해 윤리를 구축하려는

---

16 알제에서 서쪽으로 61킬로미터 떨어진 해안 도시.
17 지중해 서부 프랑스령 군도.

마르크스주의자들의 의도입니다. 이것은 너무 '세속적이고 의무적인' 냄새, 에두아르 에리오[18] 풍의 인간주의의 냄새가 납니다. 그러나 아마 공산주의를 준비 단계, 더 영적인 활동의 기틀을 마련해 줄 고행으로 이해할 수도 있을 것입니다. 요컨대 사이비 이상주의와 위장된 낙관주의에서 벗어나, 인간의 영원성과 그 의미를 되찾을 수 있는 현실 상황을 확립하려는 의지로 말입니다. 저는 이러한 생각이 정통적인 것이라고 주장하는 건 아닙니다. 그러나 정확히 제가 시도하려는 '성실한' 경험에 비추어, 『자본론』 한 권으로 삶과 인간의 모든 문제를 풀려고 하는 태도는 언제까지고 거부할 생각입니다. 모든 교의는 변화할 수 있고 또 변화해야 합니다. 저를 저의 근원으로, 저의 어린 시절 동무들에게로, 저의 감수성을 이루는 모든 것으로 돌아가게 하는 사상에 진심으로 찬동하는 데에는 이것으로 충분합니다.

또 다른 여러 사항들(진보의 환상에 얽매인 거짓된 이성주의, 노동자 계급만의 행복과 승리가 목적인 그러한 목적성의 방향으로 해석되는 계급 투쟁과 사적(史的) 유물론)도 성찰해 봐야

---

18 Édouard Herriot(1872~1957). 프랑스 제3공화국의 정치가.

마땅하다고 생각합니다.

흔히 사람들을 공산주의로 이끄는 것은 사상이라기보다는 오히려 삶인 듯합니다. 이것에 대해 어떻게 생각하시는지 말씀해 주십시오. 선생님께서는 저의 의혹과 희망이 어떤 것인지 이해하실 것입니다. 저는 사람들을 중독시키고 있는 불행과 고난이 전체적으로 줄어들기를 간절히 바라고 있습니다.

그러므로 알베르 카뮈의 공산당 가입은 무조건적인 것이 아니었다. 그렇다고 해서 덜 확고한 것도 아니었다. 공산당 가입으로 그는 자유롭게 생각할 권리를 잃지 않으면서도 자신이 결정한 방향을 충실하게 따라서 행동하게 되었다. 그는 사건들의 전개 상황에 대해 끊임없이 관심을 기울이고 싶어 했다. 이는 그가 공산당에서 멀어진 뒤에도 계속해서 말하곤 했던 것이다. '어떤 행동에 대해 비관적이면서도 공산주의를 위해 그 행동을 승인할' 수 있는 것이다.

이런 맥락에서 그는 앙드레 지드가 『소련 기행』에서 표명한 견해와 내가 『정통 정신에 관한 시론』에서 견지한 견해 — 내 책에 대해서는 한참 후 언제나 시사적인 책이라고 호의적으로 말하기는 했지만 — 를 비웃었다. 그러나 어떤 경우에도 정치적 권리의 포기를 지지하지는 않았다.

헝가리가 소련의 지배에 항거해 봉기했을 때, 그는 자신과 대립하고 있던 어떤 작가가 "내가 잘못 생각했다."라고 말해야 했는데도 그렇게 말하지 않았다는 사실을 강조했다. 그렇지만 그 작가를 아주 성실한 사람으로 여겼으며, 어떻게 그의 진정성을 의심할 수 있겠느냐고 자문했다.

그 당시 적이 된 이들에게 알베르 카뮈가 할 수 있었던 비난은 이렇게 요약될 수 있다. 첫째, 현재 진행되고 있는 역사를 대변하고 둘째, 노동자 대중을 결집하는 한 정당의 역량에 현혹당하는 것이다. 첫째 사항은 역사 철학과 관련이 있다. 헤겔의 역사 철학을 문제 삼아서는 안 된다는 것이다. "그래서 누구도 내 논거에 논거로 대답하지 않는다." 라고 그는 말하곤 했다.

그리고 무엇보다, 그의 말에 의하면, 그들은 이른바 공산당이 대표하는 노동자 대중과 단절되는 것을 두려워했다. 그런데 당시 노동자들 중에서 공산당 가입자의 비율은 생각보다 낮았다.

물론 알베르 카뮈는 공산당과 대화를 시작하는 데에 적대적이지 않았다. 그는 내 요청을 받고 내가 회원인 한 협회에 가입했다. 이 협회가 내세운 목적은 유럽의 작가들과 예술가들을 대화의 장으로 끌어들여 긴장 완화를 시도해 보자는 것이었다. 얼마 지나지 않아 그는 직접 참여할 수 없을 때는 가입하지 않는 것이 더 낫다고 하면서 이 협회에서 탈퇴했는데, 내게는 이것이 아주 정당한 일로 보였다. 실제로 이 협회의 지도 위원회는 회원과 사전에 상의하지 않고 선언문을 작성하고 발의할 권한이 있다고 자처할 여지가 충분하다.

그에게 이것은 있을 수도 없고 받아들일 수도 없는 것으로 보였다. 그는 두 가지 정치 체제 사이의 대립에도 불구하고 적대 진영과의 대화 시도를 요구받고 있었다. 양 진영은 우선 마땅히 시인해야 하는 것 — 예컨대 소련에서 실현된 사회 복지 — 과 마땅히 비난해야 하는 것 — 예컨대 자유를 제한함으로써 문화를 말살하는 경찰 제도 — 에 관해 서로에게 설명해야 했을 것이다. 알베르 카뮈처럼 다음과 같이 말할 수 있을 뿐만 아니라 말해야 한다. "정확한 해명, 만남이 이루어질 수 있는 한계와 만남이 이루어질 수 없는 한계의 규정은 나에게 사람들의 상호 이해와 일치를 위한 충분 조건이 아니라 필요 조건으로 보인다."

일반적으로 알베르 카뮈는 일부 문인들에 대해 존경심을 크게 내보이지 않았다. 그는 그들이 여자처럼 반응한다고 생각했다. 그들의 태도는 힘에 마음이 움직이는 약자의 태도였다. 부다페스트에 관해, 그는 한 소녀의 이야기(아누이[19]가 희곡 작품의 소재로 사용한 이야기)를 했다. 이 소녀는 나중에 어느 정당에 가입할 것인가 하는 질문을 받고는 이렇게 대답했다. "가장 잔혹한 정당에요. 왜냐고요? 그런 정당이 이긴다면 나는 보호를 받게 될 것이고, 그런 정당이 패한다 해도 내게는 아무런 위험도 없을 테니까요."

그렇게 멀리까지 나아갈 것도 없이, 시류에 영합한다

---

19 장 아누이(Jean Anouilh, 1910~1987). 프랑스의 극작가.

는 생각은 그에게 아무런 영향도 미치지 않았다. 어떤 사람이 매우 정직하기는 했지만 『반항하는 인간』에 대해 그에게 "안됐군요! 당신의 책은 훌륭하지만 우파에게나 인기가 있다니." 하고 말했을 때, 그는 이러한 종류의 불쾌한 지적을 용납할 수 없는 것으로 여겼다.

○

알베르 카뮈에게는 중대한 문제 하나가 늘 제기되어 왔다. 스페인 문제였다. 그는 프랑코 체제에 대해 기회가 있을 때마다 글이나 말로 항의했다. 프랑코의 지배가 지속되는 한, 그에게는 스페인 입국이 금지되었다.

○

이 모든 것은 이미 널리 알려진 사실이다. 이에 비해 그가 정치범들의 사면을 위해 수도 없이 개입했다는 사실은 잘 알려져 있지 않다. 그는 외국이나 심지어 프랑스의 중요한 인물들을 위해 개인적으로 활동했다. 그가 사형 제도의 폐지를 위해 케스틀러[20]와 함께 쓴 책은 이미 잘 알려져 있다. 알제에서 사형 집행 광경을 보고 아버지가 욕지기를 느꼈다는 것(그의 어머니가 그에게 이야기해 주었다.)은 그의 현재 입장과 무관한 것이 아니었다. 그러나 그의 실제 입장과 더 일반적인 관점의 일부였다. '자연(또는 신)이 인간에게 사형 선고를 내린다 해도, 적어도 인간은 그런 짓을 하지 말아야 한다!'

알베르 카뮈는 이 문제에 관한 자료를 모으려고 했다. 왜냐하면 편을 들기 전에 가능한 한 정확하고 풍부한 정보를 수집하려는 이 깊은 사려가 그의 뚜렷한 특징이기 때문이다. 그는 P. Z……라는 사람을 만났다. 그 사람은 사형 제도의 존속을 옹호하기 위해 구약 성경을 많이 인용했다. "그러면 복음서는?" 하고 내가 그에게 말했다. "우리는 여전히 구약 성경의 세계에 살고 있습니다."라고 그가 대답했다.(이것은 물론 그의 대화 상대자가 피력한 개인적인 의견이었다.)

---

20 아서 케스틀러(Arthur Koestler, 1905~1983). 헝가리 태생의 영국 작가.

○

정의나 자유의 이름으로 국가나 당의 구호를 선별해 어떤 것은 받아들이고 어떤 것은 거부하려는 사람은 반동분자나 보수주의자로 비난받을 우려가 있다.

당신은 혁명을 바라는가 바라지 않는가? 그는 이런 힐문(詰問)을 받을 것이다. 만일 혁명을 바란다면, 혁명은 당신의 원칙과 정의와 자유를 전혀 고려하지 않는다는 것을 인정하시오. 만일 혁명을 바라지 않는다면, 당신은 골수 부르주아이자 최악의 순응주의자요.

이처럼 극단주의는 강자의 미덕으로 여겨지며, 사람들은 극단주의의 장갑을 끼고서 다른 사람들을 온건하다거나 아니면 무능하다고 비난한다.

그러나 여기에서 개인적인 견해는 제쳐 놓고 역사 철학 논쟁을 재론하려는 것은 아니다. 이 논쟁에 대해서는 모든 사람이 다소 편을 가를 기회가 있어 왔기 때문이다.

알베르 카뮈의 정치 사상은 이중성이 있었다. 그것은

사회 문제에 대해 거리를 두면서도 입장이 분명했다. 이를 테면 사건들로부터 멀리 떨어져 있는 동시에 사건들과 밀접한 관계를 맺고 있었다. 그는 공적인 개입, 선언문이나 기사보다는 오히려 대화나 편지에서 초연한 태도를 내보였다. 이 점에서 사적으로는 격렬한 의견을 표명하고 공적으로는 침묵을 지키거나 위험하지 않은 말을 늘어놓는 대부분의 사람과는 정반대인 셈이다. 달리 말하자면 필요할 때에는 용기를 발휘하면서도 가능성과 미묘한 차이에 대한 감각을 잃지 않았다.

    예를 들어, 1949년 게리 데이비스라는 젊은 미국인이 자신은 '세계 시민'이므로 어떤 징집 명령에도 따르지 않을 거라고 공언해 물의를 일으켰을 때, 그는 이 미국 젊은이에게 공감을 표시했다. 당시 그는 자신의 말대로 『돈키호테』를 다시 읽고 있었던 것이 사실이었는지, 데이비스에게서 '수척한 산초 같은 사람의 스타일, 이와 더불어 그의 주인이 내보인 광증'을 발견했다. 그러고 나니 어떤 사람들은 그를 미국에 봉사한다고 비난했고 어떤 이들은 러시아에

봉사한다고 질책했다. 그는 양쪽의 공격으로 기진맥진해졌다. 그는 국가들의 밀림 속에 어느 정도의 윤리를 도입하고 싶었을 것이다. 그가 자기 감정은 전혀 억제하지 않고 정의와 평화를 설교한 것은 아니었다. 그는 자신의 '아프리카적' 기질 때문에 곧잘 극단으로 이끌리곤 했고, 그래서 (알제리에서 휴전을 제의했을 때처럼) 화해를 권고하기 위해 자신의 감정을 억눌러야 했다. 한편으로는 굶어 죽는 것조차 두려워하지 않는 수백만 명의 사람들이 유럽에 위협이 되고 있었다. 다른 한편으로는 그의 눈에 회의주의자들과 포식한 사람들밖에는 보이지 않았다. 작품에 몰두하고 후원이 필요한 예술가에게, 누구보다 정의로운 풍토에서 살아갈 필요가 있는 이에게 무슨 자리가 남아 있었을까? 정의와 진실을 사랑해야 할 것이다. 그러나 이 경우에 사람은 정말로 혼자다.

3

예술가가 동시에 비평가일 수 있을까? 창작하는 동시에 자신의 창작물을 판단할 수 있을까? 아니다. 창작하는 동시에 판단할 수는 없다. 알베르 카뮈는 이렇게 말했다. "예술가는 자신이 무언가를 하고 있다는 것밖에는 알지 못한다……." 그리고 창작 작업 중에는 필연적으로 애매모호함이 뒤따른다고 강조했다.

그러나 작업 '전'과 작업 '후'가 있다는 것을 인정한다면 작업하는 '동안'에 양립할 수 없는 것은 사라진다. 알베르 카뮈는 명석한 사람이었고, 그만큼 자신의 작업을 엄중하게 진행했다. 여기서 나는 그의 몇몇 작품에 대한 그의 몇 가지 성찰과 응답을 살펴보고자 한다.

그는 『이방인』의 주제가 소송이어서 카프카의 주제를 떠올리게 한다는 것을 알고 있었다. 그래도 역시 소송이라는 주제를 포기하지는 않았다. 여러 가지 큰 소송을 경험한 바 자의적 구성을 피할 자신이 있었기 때문이다. 그리고 등장 인물과 삽화가 너무 개인적이고 너무 일상적이어서 상징의 구실을 하는 카프카의 경우와 유사해질 위험이 없었다.

알베르 카뮈는 많은 착상과 이론을 연극을 통해 가장 정확한 의미로 표현할 수 있었다. 왜냐하면 이론이 실천에서 우러나왔기 때문이다. 그에 의하면 연극은 무질서가 아니라 움직임을 요구한다. 그래서 그는 「칼리굴라」에서 매우 관례적인 반항의 소재들을 부여했다고 말했다. 그에 의하면 극작품은 무엇보다 움직임에 종속되어 있어야 했고 지적인 작품이 아니어야 했으며 사상이 행위 다음에 나와야 했다. 셰익스피어는 거의 도처에서, 그리고 가장 진부한 현실과 가장 흔해 빠진 이야기에서 착상을 얻지 않았던가?

그는 「칼리굴라」를 쓰는 데 힘을 기울이면서 소박한 생각과 인상적인 상황, 누그러질 줄 모르는 행위를 탐구했다. 연극에 대한 이 특이한 이해 방식은 이른바 사상극[1] 개념과 대립되며, 또한 청중을 설득하고 이끌어 가기보다는 오히려 청중을 매료할 목적에서, 주제들이 서로 맞서지 않고 청중에게 여러 양상으로 제시되는 일종의 마리보[2] 풍과도 대립된다.

나는 낭만적이고 단눈치오적인 관점에서 '그랑제콜 입

---

[1] 관객에게 어떤 문제를 제시하거나 암시해 관객의 이성에 호소하는 연극. 레싱, 실러, 뒤마, 입센, 버나드 쇼 등에게서 볼 수 있다.
[2] 피에르 카를레 드 샹블램 드 마리보(Pierre Carlet de Chamblain de Marivaux, 1688~1763). 프랑스의 소설가로, 상류 사회 여성의 심리 묘사에 능했다.

시 준비반 학생'인 알베르 카뮈에게 수에토니우스3의 『열두 황제전』을 인용하고 상찬하곤 했다. 죄인과 무고한 사람을 구별 없이 비난하는 칼리굴라의 말, 곧 "그들은 모두 죄인이야!"라는 말은 그 냉정한 뻔뻔스러움으로 내 넋을 빼앗았다. 이 황제는 내게는 곧 야만스러운 니체로 비쳤다.(그는 병자나 광인이었던 것만은 아니다.)

나는 또한 그에게서 절대에 대한 향수(鄕愁)의 흔적을 봤다. 절대에 대한 향수 앞에서는 매우 다른 온갖 사물들이 차이를 잃어버려 모든 것들이 서로 닮게 되고 윤리가 경시되는 법이다. 그것은 자연 숭배에서 생겨나는 정신의 고양 상태였다.

알베르 카뮈는 이미 희곡에 등장한 칼리굴라라는 인물에게 아주 인간적인 면모를 덧붙였다. 이로 인해 매우 놀라운 성격이 칼리굴라에게 부여된다. 칼리굴라는 잔인한 동시에 다정하다. 그는 너무 다정하기 때문에, 잃어버린 여인에 대한 집착이 너무도 크기 때문에 극악무도해진다. 그는 절망하여 행동한다. 그러나 누구에게나 다 절망할 수 있는

---

3 Suetonius(69?~140?). 로마 제정기 전기 작가.

기회가 오는 것은 아니다.

나는 몇몇 장면의 색조 때문에 망설임이 없지는 않았지만 「오해」를 좋아했다. 그러나 이 점에 대해서는 우리 사이에 언제나 견해차가 있었다. 그것은 감정보다는 기질에, 생각보다는 표현에 기인했다. 태양과 바다에 대한 향수가 유발하는 절망은 「칼리굴라」에서 절대의 상실에 의해 생기는 절망만큼 나를 감동시켰다.

그러나 형이상학적인 상실을 육체적 상실에 한정해서는 안 될 것이다. 이 희곡의 주제는 오히려 파스칼적인 의미에서의 유배다. 이는 작가가 확인한 바다. 「오해」에 관해, 그는 되찾은 낙원이 아니라 잃어버린 낙원에 관한 이야기로서 이전 작품보다 더 인간적이지만 더 긍정적인 것은 아니라고 말했다.

그는 그리스 전설을 차용하지 않으면서 '현대 비극'을 쓰려고 마음먹었다. 그는 이 시도가 지극히 어렵다는 것을 감지했다. 거리를 유지하면서도 웃음거리가 되지 않으려면 어떻게 해야 할 것인가? 어조가 문제였다. 너무 강한 친밀함이 강한 위엄의 표현과 마찬가지로 완화되었다.(게다가 알다시피 첫 번째 공연 후에도 작품에 수정이 가해졌다.)

두 희곡은 함께 출간되었다.(1938년부터 1943년 사이에 「칼리굴라」의 텍스트는 주요 주제를 중심으로 짧게 압축되었다.) 알베르 카뮈는 두 희곡의 기법이 완전히 대조적이었으므로 책의 균형이 잡히리라고 생각했다.

『시지프 신화』에는 알베르 카뮈의 깊은 생각이 표현되어 있다. 그는 자신의 깊은 생각을 구체적으로 밝히고 그것의 윤곽을 드러내기를 좋아한다.

그는 자신의 생각만큼이나 자신의 삶을 지배하기를, 열정적으로 살기를 원할 것이다. 그러나 이와 같은 것이 가능하리라고는 그다지 생각하지 않는다. 그것은 극단적인 경우다. 니체는 거기에서 광기를 알아보았다.

어쩔 수 없이 부조리한 세계에서는 어떤 미덕들이 나름의 의미를 지니고 있다. 고독한 자, 무신론자, 귀족의 미덕인 명예와 충성을 예로 들 수 있다. 그러나 이것들은 받아들일 수 없는 결론에 귀착한다. 진실을 발견하는 이에 의해 실제로 진실이 부정될 수 있다.

그렇다고 노름꾼이나 애호가의 상황 같은 것을 이용해서는 안 된다. 인간의 가치 체계와는 완전히 무관한 세계에 대한 믿음이 내포하는 결과는 중대할 수 있고 그렇게 생각하는 사람에게 어울리지 않을지 모른다. 그 실망시키는 광경으로부터 눈길을 돌려 버리는 것이 더 낫다. 그것에 도취되어 버리기 쉽기 때문이 아니다. 뉴먼4이 말한 것처럼, 우리는 이 세상의 것들을 포기하는 순간, 그것들을 경탄의 눈으로 바라볼 수 있다. 이것이 카뮈의 개인적인 결론이기도 했다.

나중에 (1945년) 카뮈는 '부조리'라는 주제를 재론하면서, 자신의 시론에 모든 것이 요약되어 있다는 생각을 스스로 부인했다. 그는 단지 '비의미의 철학'에서 논리적 결론을 끌어내려고 했을 뿐이다. 그러므로 그는 일관성을 유지하려고 노력해 온 것이다.

거기에서 귀결하는 것은 불행히도 어떠한 가치 판단도 제지할 수 없다는 점이다. 우리의 모든 행위에는 가치 판단

---

4 존 헨리 뉴먼(John Henry Newman, 1801~1890). 영국의 신학자이자 작가.

이 내포되어 있으므로, 가치 판단의 억제는 그에게 불가능한 것으로 보였다. 모든 것이 허용되어 있다고 혼자 중얼거려도 소용이 없다. 하지 말아야 할 행위, 부인할 수 없는 말…… 등이 있게 마련이다. 그래서 그는 '부조리한 신화는 있으나 부조리한 생각은 없다.'라고 결론지었다.

그렇다면 그의 지평은 무엇이었을까? 그는 자신이 아직 규정할 수 없는 어떤 순종의 태도, 어떤 참을성에 힘입어, 우정이나 사랑의 영역에서 이루어지듯이 자신이 이 세계를 수락할 수 있게 되기를 원했다. 그러나 세상을 있는 그대로 수긍하기 어렵게 할지도 모르는 것에 대해 잘 알고 있었다. 그가 쓰곤 했듯이 의지가 있는 사람은 용기를 잃지 않는다! 그러나 아직 시기가 무르익지 않았다. '태양을 이용하듯이 어둠을 이용하기' 위해서는 때를 기다려야 했다.

그동안 그는 『반항하는 인간』을 쓰기 시작했다. 전쟁 후 고달픈 시기였기 때문에 그만큼 더 많은 노력이 필요했다. 카뮈가 이 일에 착수하기 직전에 나는 이집트로 떠났다. 당시 이집트는 궁핍한 상태에 처한 프랑스에 비해 낙원의 풍요로움을 누리고 있었다.

그는 내가 양심의 가책을 느끼지 않게 하려고 애썼다. 행복하거나 삶의 의욕이 있는 사람들에게 이집트는 안성맞춤이었다. 거기에서는 알베르 카뮈의 주요한 생각과 깊은 감정을 분간할 수 있을 것이다. 그는 1945년의 그 냉혹한 겨울 동안 먹고살 걱정에 기진맥진해 있었으며, 누릴 수 없는 한가로움을 꿈꾸었다. 울분 속에서는 일할 수 없는 법이라고 투덜댔으며, 지난 삼 년 동안 단 하루도 쉬어 보지 못했다고 덧붙였다. 이 모든 것이 그의 작품에 나타나지는 않지만, 인간이 서로 연대하는 존재라기보다 훨씬 더 고독한 존재로 묘사되는 어느 중편 소설에는 비치게 된다고 말할 수 있다.

카뮈는 『반항하는 인간』을 준비하고 있었다. 이 책을 통해 그는 역사와 권력 의지에 대한 숭배를 거짓된 정신 착란이라고 고발할 작정이었다.

그래서 당연하게도 헤겔 철학과 니체 철학의 비판 쪽

으로 이끌렸다.

 헤겔에 대해서는 조금도 망설이지 않고 비판을 퍼부었다. 니체에 대해서는 사정이 달랐다. 카뮈는 잊어버리기에는 너무 많은 것을 니체에게 빚지고 있었다. 그러나 어떤 니체 철학은 헤겔의 노선을 답습한 것일 뿐이다. 카뮈는 우리가 역사 속에서 살아간다는 것을 인정했다. 그래서 역사가 전부라고 해도 역사에는 알 수 없는 심연이 있다고 생각했다. 그가 말했듯이 실제로 우리는 역사 속에서 살아가다 역사 밖에서 죽을 것이다. 이것은 내게 "우리는 홀로 죽을 것이다."라는 보쉬에[5]의 말을 상기시킨다. 그렇게 해서 카뮈는 헬레니즘과 기독교적 사고방식으로 되돌아갔다.

 조아니디스가 창간한 잡지 《그리스 여행》에서 지중해적 인간에 관한 특집호를 마련할 무렵, 그는 『반항하는 인간』을 끝내면서, 우리가 선택하도록 강요당하는 러시아적 인간과 대서양적 인간에 맞설 수 있는 유일한 인간형이 있다면 그것은 지중해적 인간임을 밝히고 싶어 했다.

 그에게 그리스적 사유는 늘 경이의 원천이었다. 그는

---

5 자크베니뉴 보쉬에(Jacques-Bénigne Bossuet, 1627~1704). 설교로 유명한 프랑스 성직자. 프랑스 교회의 자유와 절대 왕권을 변호했다.

내게 에피쿠로스의 단상들이 프랑스어로 번역되어 있는지 물으면서 다음과 같이 덧붙였다. "앞으로 나아갈수록 그리스인들이 표명해 놓은 언제나 진실하고 새로운 많은 것들에 더욱더 놀라게 됩니다."

'진실한' 것들. 오늘날에도 많은 사람들이 이 점을 인정할 것이다. 그러나 진실한 것들이 '새롭다'는 것을 부인하는 사람도 많을 것이다. 그것들의 진실은 한두 세기 전부터 몹시 유행하고 있긴 하지만 유클리드 기하학처럼 먼 과거의 성취물이거나 또는 역사로부터 연역된 그 진실들 가운데 하나에 의해 대체되거나 한다는 것이다. 이것에 비하면 '자연'은 영속적인 '변전(變轉)'일 뿐이다.

알베르 카뮈는 미국에서 돌아와 『페스트』 집필에 다시 손을 댔다. 그러나 이 책을 끝내는 데에는 세상의 온갖 어려움이 따랐다. 그는 이 작품에 만족하지 않았다. 이 책에 대해 의구심을 가졌고 자기 자신에 대해서도 의구심을 가졌기 때문이다. 자신이 얻은 명성에 도취되지도 않았다. 분명히 예전의 명성을 아쉬워하지는 않았으나, 책을 펴낼 때 무명으로 남아 있으면 득이 될 게 없다고 생각했다. 그래서 대체로 보아 잘못된 행동을 하지 않았다. 어쨌든 그가 난처해질 정도로 그의 가장 커다란 소망이 성공에 묻혀 버린 것은 사실이다. 준비 중인 이 새로운 책은 아마 카뮈 자신을 속였듯이 독자들을 속였을 것이다. 그토록 좋게 평가받고 여전히 열광적으로 읽히는 작품에 대해 의구심이 생겨났다는 것을 알게 되면 놀라지 않을 수 없다. 그러나 알베르 카뮈는 그를 작가로만 알고 있는 이들이라면 실로 깜짝 놀랄 만큼 극도의 낙담 상태에 빠져 있었다.

    그는 당파나 교회의 징병 하사관들로부터 괴롭힘을 당하고 싶지 않았을 것이다. 그가 말하곤 했듯이, 그들은 당파에 가입하지 않았거나 교회에 다니지 않는 사람을 가만히 놓아두지 않는다. 그는 아무도 자신에게 허용하려 하지 않은 독립성에 집착했다.

    더 심각한 문제, 곧 영원한 가치의 문제가 제기되었다. 카뮈는 영원한 가치가 존재한다는 사실을 의심하지 않았으며, 『페스트』를 통해 인간의 차원에 영원한 가치가 실재한다는 것을 단언하는 중이었다. 그러나 어떤 가치를 긍정한다고 해서 가치 자체가 확립되는 것은 아니라고 생각했다. 만일 영원한 가치가 없다면, 공산주의는 정당하며, 그러므로 새로운 사회를 건설하는 데 들어갈 대가를 아껴서는 안 된다. 그러나 만일 영원한 가치가 있다면 그것은 기독교의 교리다. 그는 이러한 진퇴유곡의 궁지에 빠져 허우적거리면서도 정직성 때문에 망설였다. 일종의 종합은 아무리 바람직하다 할지라도 그에게는 불가능한 것으로 보였다. 그러나 그는 폭력의 지배도 불의의 지배도 받아들일 수 없었다.

『페스트』에 대한 나의 인상은 처음에는 생생하지 않았지만 나중에는 더 지속적이고 갈수록 깊어 갔다. 어느 정도 주의 깊은 독자라면 모두 나와 같은 인상을 받았을 것이다. 어떤 대목들, 예컨대 리유[6]가 등장하는 대목들은 처음 읽을 때에도 가슴을 파고들었다. 나는 알베르 카뮈에게 내 느낌을 알려 주었다. 이른바 '악'의 문제를 자각한 모든 이는 그 문제로 번민하게 마련이다. 나도 일찍이 악의 문제를 자

---

[6] 『페스트』의 주인공인 의사. 인류의 이상을 구현하는 무신론자이자 페스트와 싸우는 투사의 상징이다.

각했다. 나는 내가 받은 교육, 나의 성격으로 말미암아 죄책감이라는 관념을 악의 근원으로 여기는 쪽으로 기울었다. 반면 내 대화 상대자로 말하자면 사정이 똑같지 않다.

그러나 알베르 카뮈의 생각은 대개 명확하게 표현되었으며 대단히 미묘하고 완곡했다. 그러고 나서 그의 정신 속에서는 느린 변화가 일어났다.

그는 늘 인간의 '사법'에 의해 형벌이 가해지는 것에 기본적인 반발심을 품고 있었다. 해방 후 어느 날 그는 이른바 숙청 재판 중 하나를 방청하러 갔다. 그가 보기에 피고는 유죄 같았다. 그런데 그는 재판이 끝나기도 전에 방청석을 떠났다. 왜냐하면 자신에게도 연대 책임이 있다는 느낌을 받았고 (그 자신의 표현에 따르면) '그 사람과 함께' 있었기 때문이다. 그러고 나서는 이런 종류의 재판에 다시는 참석하지 않으려고 했다. '사형 집행자도 희생자도 없기를!' 하고 그는 《전투》7에서 역설했다. 어떤 죄인에게도 결백한 부분은 있다고 생각한 것이다.

결국 진실에 이르려면 대립적인 두 용어를 함께 사용

---

7 *combat*. 1941년 리옹에서 창간된 일간지로, 해방 이후 1944년부터 파리에서 간행되기 시작했다. 오랫동안 프랑스 좌파의 다양한 흐름을 대표한 정치 논쟁지였다.

해야 했을 것이다. 인간은 결백하지 않지만 유죄도 아니다. 얼마만큼, 어떤 한계 안에서? 글쎄. 우선은 — 왜냐하면 그것은 임시 윤리이므로 — 저자의 대변인인 리유의 생각처럼 치유할 수 있는 것은 모두 치유해야 한다. 무지의 고백, 그러나 동시에 결과가 아무리 불확실하다 해도 필요한 방향으로 나아가겠다는 행위의 결의다.

「계엄령」의 첫 공연에는 많은 관객이 몰려들었다. 게다가 발튀스[8], 바로[9] 등 저명한 협력자들의 명성 덕분에 저자의 광휘가 더욱 빛났다. 그러나 「계엄령」은 전혀 성공을 거두지 못했다. 그렇지만 알베르 카뮈는 이 희곡의 집필뿐만 아니라 상연 준비에 온갖 정성을 기울였다. 그는 다섯 주 동안 오후 2시부터 새벽 2시까지 일했다. 그의 지지자들과 반대자들이 서로 만나자는 약속을 했지만 비평은 일반적으로 호의적이지 않았고, 이 희곡은 이십삼 회밖에 공연되지 않았다. 이러한 사실을 나는 신문과 그의 편지를 통해 먼 곳에서 알게 되었다.

그는 이 실패를 즐기거나 그것에 무관심한 척하는 위

---

[8] 발타사르 클로소프스키 드 롤라(Balthasar Klossowski de Rola, 1908~2001)는 폴란드 태생의 프랑스 화가로 그의 작품은 에로티시즘이 섞인 몽상적 분위기를 풍긴다.
[9] 장루이 바로(Jean-Louis Barrault, 1910~1994). 프랑스의 연극 배우이자 감독.

선을 부리지 않았다. 그래도 여러 가지 '미묘한' 만족감을 느꼈다. 사람을 덜 만나게 되었다는 사실을 예로 들 수 있겠다. 이 희곡 자체에 대해 그는 일종의 현대적 도덕관념을 만들어 내기 위한 '시도'라고 말했다. 그리고 다음과 같이 덧붙였다. "나는 이 희곡의 결점을 잘 알고 있다. 그러나 나는 거기에 내 정열을 쏟았다. 한편으로 보면 이것은 (넓은 의미에서) 사랑의 희곡이다. 어쨌거나 또 다른 희곡을 이미 쓰기 시작했다."

알베르 카뮈가 착수한 이 희곡은 「정의의 사람들」이었다. 처음에는 '결백한 사람들'이라는 제목을 붙였다. 나는 그에게 이 낱말이 칭찬의 의미뿐만 아니라 경멸의 의미도 지니고 있다고 말하며 그 애매모호함을 지적했다. 그는 내게 다음과 같이 이유를 설명해 주었다. "「결백한 사람들」에 저만이 감지할 수 있는 아이러니를 담으려고 했습니다. 그들은 사실 정의로운 사람들입니다. 저의 그 분노는 '선생님의 지적으로' 보상을 받은 셈입니다."

공연은 서로 모순되는 평가를 받았다. 주연 배우의 재

능에도 불구하고 어정쩡한 성공이었다. 다음 공연들은 사정이 달랐다.

『적지와 왕국』(1957) 10 다음에 그는 자신이 '직접적인' 소설이라고 부른 것, 다시 말해 이전 소설과는 달리 '구성된 신화'가 아닌 소설을 쓰려는 의도가 있었다. 그는 이 소설에 대해, 그것은 (『감정 교육』을 참고한) '교양 소설' 또는 이와 동등한 것이 될 거라고 미리 말했다. 내가 오래지 않아 이해한 바로는, 『최초의 인간』을 생각하고 한 말임에 틀림없었다.

알베르 카뮈는 자신의 작품에 대해 이야기할 때, 자신의 생각에 대한 집착과는 대조적으로 초연한 태도를 보였다. 병과 전쟁, 조국으로부터의 머나먼 추방 등이 그에게 초래한 고통을 제외하더라도 그는 빈번히 백지 앞에서 낙담하곤 했다. 마흔네 살(1957년)에는 헛수고라고 생각되는 노력을 그만두는 것이 더 낫지 않을까 하고 자문했다. 이러한 노력으로 말미암아 타인들과 섞이지 못했으며(이는 그가

---

10 『전락』은 이 책의 중편 소설들 가운데 하나를 예정에 없이 발전시킨 것이다. 이 사실은 이미 지적된 바 있다.(원주)

자책하곤 했던 점이다.) '자기 자신의 대부분'으로부터 소외되었다. 그가 이와 같은 반성을 한 것은 바로 노벨상을 받기 직전이었다.

그는 이 노벨상을 원하지 않았다. 그렇다고 거부하지도 않았다. 그 이유는 무엇이었을까? 그는 자신의 성공이 알려지는 것에 어느 정도 곤혹스러워했다. 뒤로 물러나 생각해 볼 필요를 느꼈다. 그래서 스톡홀름에 가기 전에 알제로 떠났다. 거기에서 자신뿐만 아니라 '최초의 인간', 말하자면 미지의 적대적인 땅에 새로운 민족을 형성할 정도로 뿌리를 내리는 가난한 유럽인에 관한 자서전이 될 작품의 소재를 모으기 위해서였다. 적어도 이것이 '최초의 인간'이라는 제목으로 나올 책의 의도였다.

그가 루르마랭[11]에 정주한 것은 고독과 침묵이 필요해서였다. 거기에서 그는 개인적인 작업을 성공적으로 해 나갔다. 자신의 옛 책들을 비롯해 말해지고 있는 것, 쓰이고 있는 것, '현대 작가', '동시대인'에 대해 '가슴속까지 넌더리가 난다.'라고 생각하고 있었다.

---

11 프로방스알프코트다쥐르 지방 보클뤼즈의 소도시.

도대체 어떤 삶을 살아가려고 작정했을까? 그는 1959년 12월 28일 자 편지, 즉 깊은 우정으로 맺어진 미셸 갈리마르와 함께 파리로 돌아오기 일주일 전에 쓴 편지에서 이에 대해 말했다. 상스와 퐁텐블로 사이에서 영원히 중단되어 버린 귀로. 그는 루르마랭의 자기 집에서 막 여섯 주를 보냈다. 그가 말하곤 했듯이, 일이란 것이 아무리 필요하고 유익하다 해도, 자신에게 가하는 폭력이었을지언정, 그는 거기에서 자신의 작업에 어울리는 고독하고 검소한 그 수도원 생활을 영위하며 만족스럽게 작업을 해 나갔다.

그는 파리와 루르마랭에 번갈아 머무를 작정이었다. 어쨌든 그는 자신에게 평화를 선사한 이 아름답고 유익한 고장으로 이따금 돌아가는 것이 기뻤다.

4

취향을 형성하는 청소년 시절, 알베르 카뮈는 몇 년 동안 삼촌 집에 붙잡혀 있으면서 아나톨 프랑스1의 전집을 지적 양식 삼아 읽었다. 이는 문학사의 예사로운 역설이 아니다. 카뮈 자신도 이 사실에 깜짝 놀라며 즐거워하곤 했다. 거의 읽히지 않던 작가의 전집을 그 어린 나이에 읽다니! '영향'과 '출전'을 연구하는 전문가라도 쉽지 않을 것이다.

알베르 카뮈의 삼촌 아코 씨는 푸주한이었다. 상호는 '프랑코 브리타니크'였다. 쇠고기가 일 등급이라는 것을 부르주아들에게 보여 주기 위해 이런 상호를 붙였다고 한다. 자수성가한 그는 괴팍한 성격의 소유자였다. 내가 그를 알게 되었을 때 그는 틀림없이 쉰 살을 넘지 않아 보였다. 활력이 넘치고 재담을 잘했으며 호탕하고 식욕이 좋았다. 리옹 소시지는 그가 특히 좋아하는 요리였다. 게다가 그는 리옹에 산 적도 있었다. 그의 조카는 그가 무정부주의 호시절에 전투적인 무정부주의자였다고 내게 말해 주었다. 그는 좀처럼 순응적이지 않은 여러 가지 견해를 여전히 지니고 있었다. 그래서 우익 정당이나 가톨릭교회와 마찬가지로

---

1 Anatole France(1844~1924). 프랑스의 작가이자 비평가로서 제3공화국 시대의 가장 위대한 작가 중 한 명이다. 1921년 노벨 문학상을 받았다.

공산당도 좋아하지 않았다. 그가 아나톨 프랑스를 좋아하게 된 이유는 청년기의 시대적 분위기 때문이었다. 그가 젊었을 때는 아나톨 프랑스가 세상에서 가장 완벽한 작가로 통했던 것이다.

그러나 아나톨 프랑스만 좋아한 것은 아니었다. 그는 제임스 조이스에게 탄복하기도 해『율리시스』를 읽고 또 읽었다. 틀림없이 해학과 외설스런 언동에 매혹되었을 것이다. 나는 그의 푸주 정면에 자리 잡은 미슐레가의 르네상스 카페에서 그와 함께 아니스주(酒)를 한 잔 마신 적이 있다.

알베르 카뮈는 매우 일찍부터 작가 성향을 보였다. 알제 고등학교 1학년 때 이미 친구 디디에(그 후 예수회 수사가 되었는데 몇 년 전 자동차 사고로 죽었다.)와 함께 신문을 편집했다. 이 신문은 2학년 때에도 발행된 것으로 기억한다. 그러나 이 사실이 뭔가를 입증하는 것은 결코 아니다. 이 신문의 수준은 학생의 심심풀이 정도였다.

그가 대학 입학 자격 시험을 통과한 직후 알제의 중앙 우체국 앞에서 그를 만난 날, 자신이 글을 쓸 수 있겠는지,

다시 말하자면 출판할 만한 글을 쓸 수 있겠는지, 그리고 철학 공부를 계속할 수 있겠는지에 대해 내 생각을 물었을 때는 사정이 판이했다!

열여덟 살에 알베르 카뮈는 당대 유명한 작가 중에서 지드를 가장 좋아했다. 지드의 『일기』가 '인간적'이라고 생각했기 때문이다.(그는 이 자질을 다른 많은 작가들에게서는 발견하지 못했다.)

한동안 그가 바노 거리에서 지드와 함께 살기는 했지만, 이 시기에 카뮈는 언젠가 그와 함께 살게 되리라고는 생각지도 못했다. 지드는 젊은 작가들 중에서도 사르트르와 카뮈를 가장 좋아했다. 지드의 판단은 거의 예견할 수 없을 정도로 빠르게 여론에 의해 정확하다고 증명되었다. 그런 만큼 1951년 지드가 죽었을 때 카뮈는 충격이 컸다.

○

열여덟 살에 그는 또한 프루스트를 창조자라고 생각했

다.(이는 그가 할 수 있는 최상의 찬사였다.) 카뮈는 프루스트 작품의 엄격한 구성과 꼼꼼한 세부 묘사 사이의 대조에 깊은 감명을 받았다. 프루스트에 대한 그의 경탄은 이제 프루스트의 책을 그만 읽어야겠다고 쓸쓸하게 말할 정도로 대단한 것이었다. 그는 자신이 느껴 온 많은 것을 프루스트에게서 찾아낼 수 있었고, 그래서 결국은 '모든 것이 끝났다. 다시 생각해 볼 것도 없다.'라고 생각하기에 이르렀다고 했다. 나로서도 프루스트의 세계가 그에게 맞을지 모른다고 생각했고 정말 우연히 『잃어버린 시간을 찾아서』를 그에게 주었던 만큼 그의 이러한 찬사에 더욱 큰 행복감을 느꼈다.

○

때때로 나는 읽어 볼 가치가 있다고 생각되는 책들을 그에게 소개해 주었다. 레이첼 베스팔로프[2]의 『전진과 분기점』이 그런 책들 중 하나였다. 이 책에서 그는 자기가 다루려고 했던 주제들을 재발견했으며, 생각이 너무 압축된

---

2 Rachel Bespaloff(1895~1949). 우크라이나 유대인 가족 출신으로 프랑스에서 활동하다 미국으로 망명한 작가이자 철학자.

점을 유감스럽게 여기면서도(그러나 이 결점은 과도하게 발휘된 특질일 따름이었다.) '다정다감하다'고 생각한 측면을 좋아했다. 내 견해로는, 찬탄할 만한 이 평론집에 대해 그가 진정으로 가한 단 하나의 비판은 '부조리한'이라는 낱말의 의미가 '비합리적인'이라는 낱말의 의미와 구별되지 않는다는 것이었다. 그가 말하곤 했듯이, 니체는 키르케고르와 통하는 것이 전혀 없다. 카뮈의 작품에서 확인되듯, 그에게 이러한 구별은 중요한 것이었다.

카뮈는 지칠 줄 모르는 독서가는 아니었다. 그러나 좀더 흥미 있는 간행물이 나오지 않았나 하고 둘러보기를 좋아했다. 겉보기로는 자신과 아주 동떨어진 영역들에 대해서도 그러했다.

기묘한 등장인물과 새로운 발상으로 내게 깊은 인상을 준 책이 하나 있었다. 이 인물은 매우 조용한 삶을 살아가는 수도사로서, 수도사 사회에서만 알려져 있었다. 그렇지만 베르그송을 비롯한 위대한 사람들이 그와 이야기를 주고받는 것을 오히려 자랑스럽게 생각했다. 카뮈는 장 기통3에 의해 알려진 이 사람의 위대함에 관심을 보였다. 내 생각에 매우 공정한 어조로 쓰였고 주목할 만한 이해를 담고 있는 것으로 보인 논문 한 편을 그는 『푸제 씨의 초상』에 정말로 바치고 싶어 했다.4

○

그는 『반항하는 인간』을 준비하면서, 지적 정직성에 떠밀려 상당량의 책을 읽었다. 그 덕분에 19세기의 지배적 흐름 바깥에 놓여 있어서 좀처럼 높이 평가되지 않고 있는 몇몇 19세기 사상가를 덤으로 발견했다. 그는 「정의의 사람들」을 구상하기 전에도 1905년의 러시아 혁명에 관한 많은 책을 읽었다.

그가 좋아한 책들은 언제나 '모럴리스트들'의 책이었다. 예컨대 샹포르5의 책을 들 수 있겠는데, 그는 샹포르에 관해 강연을 하기도 했다. 그는 스스로를 '모럴리스트'로 여겼다. '철학자'라는 멋진 칭호는 독일인들과 그들의 제자

---

3 Jean Guitton(1901~1999). 프랑스 철학자. 가톨릭 사상에 관한 책들을 썼다.

4 나중에 그는 이 주제에 대해 다음과 같이 말했다. "가톨릭 사상은 나에게 언제나 달콤 씁쓸한 듯했다. 그것은 나를 유혹하고 나서 나의 감정을 상하게 한다. (……) 내게는 필시 본질적인 것이 부족할 것이다." 여기에서 본질적인 것이라고 한 것은 믿음이었다.(원주)

들에게나 붙일 만한 것으로 치부했다.

○

사르트르와의 관계는 다 알고 있는 바와 같다. 서로 존경하기는 했지만, 성격 차이가 너무 컸다. 카뮈는 《카이에 뒤 쉬드》에 실린 『이방인』에 대한 사르트르의 서평을 고맙게 여겼다. 그는 사르트르의 분석에 경탄했으며, 몇몇 비판의 합당성과 지적 명석함을 인정했다. 그러나 작품을 '분해하는' 그러한 방식에 대해서는 얼른 수긍하지 않는 태도를 보였다. 작품 창작에는 그토록 지적인 그런 분석으로 드러낼 수 없는 직관적 특성이 있다고 생각했기 때문일 것이다. 비평에서는 게임 규칙이 문제가 된다는 것을 그는 잘 알고 있었다. 어쨌든 그는 사르트르에 반대하는 이들을 고려하면 사르트르를 편들지 않을 수 없다고 결론지었다.

5   니콜라 샹포르(Nicolas Chamfort, 1741~1794). 프랑스의 작가. 대표작으로 『금언·견해·성격·일화』를 남겼다.

카뮈를
추억하며

○

알베르 카뮈는 작가의 길로 들어선 이래 매우 다른 두 환경에서 경력을 쌓아 나갔다. 하나는 그와 같은 젊은 세대들의 책을 펴낸 알제의 샤를로 출판사였고, 다른 하나는 파리의 《NRF》6였다. 내가 가르친 적이 있는 샤를로는 아주 젊을 때부터 책과 사업에 깊은 관심을 보였다. 틀림없이 이런 이유로 출판사를 차렸을 것이다. 출판사의 간판은 지오노7의 작품명에서 따온 '리 브레 리셰스(Les Vraies Richesses)'였다. 그는 '메디테라네엔'이라는 소책자 총서와 《리바주》8라는 잡지를 창간했다. 작품 발표 기회가 거의 없는 젊은 작가들이 이 출판물들을 통해 알려지게 되었다. 이는 큰 공적이었다. 알베르 카뮈도 이런 식으로 (『안달루시아의 코플라9』를 원저자명 없이 번역 출간한 후) 『안과 겉』와 『결혼』을 펴냈다. 이 두 권의 작은 책은 몇몇 주의 깊은 알제 학생들 사이에서 큰 성공을 거두었다.

『이방인』의 원고는 갈리마르 출판사에서 곧바로 받아

---

6 La Nouvelle Revue française의 약자. 1908년 앙리 게옹, 앙드레 지드 등의 젊은 작가들이 참여하여 창간한 잡지로 가스통 갈리마르가 참여하고부터 갈리마르 출판사의 모태가 되었다.
7 장 지오노(Jean Giono, 1895~1970)는 프랑스 작가로서 프로방스 지방의 전원 생활을 소재로 많은 소설을 썼다.
8 '바닷가'라는 뜻이다.

들였다. 그에게 책 열 권과 선불금을 주겠다는 조건의 계약서를 보내온 것이다. 그가 NRF에서 맺은 우정과 인간관계는 너무나 잘 알려져 있으므로 굳이 말할 필요가 없을 것이다.

○

그의 취향과 아주 비슷해서 청소년기의 카뮈에게 가장 감동적이었던 책은, 내가 굳게 믿고 있건대, 앙드레 드 리쇼10의 『고통』과 루이 기유11의 『민중의 집』이었다. 그는 나의 이 애독서들에서 자신의 모습을 재발견했다. 기유의 『친구들』이라는 책의 서문에서 그는 왜 자신이 이런 종류의 책에 감동받게 되었는지를 밝혔다. 가난하고 때로는 고통스러운 어린 시절이 작품의 자양분 구실을 하며, 다른 많은 사람들은 감추고 잊어버려야 할 것으로 여기는 것에서 보물을 발견할 수 있다는 것을 이 책들 덕분에 알게 되었다고 한다. 고리키 자신을 그토록 고통스럽게 한 것에 결코 눈을 돌려 버리지 않는 것에, 마치 아름다움이 상처를 통해

9 코플라(Copla)는 스페인어로 짧은 서정시를 뜻한다.
10 André de Richaud(1907~1968). 프랑스 작가. 그의 작품은 죽음의 강박, 삶의 비극성, 타자에 대한 갈망이 특징이다.
11 Louis Guilloux(1899~1980). 프랑스 작가. 평범한 일상에서 일어나는 인간의 비참한 상황을 묘사하는 작품을 썼다.

카뮈를
추억하며

서만 우리 마음속으로 들어올 수 있는 것처럼, 불행을 아름다움으로 변모시키는 것에 고리키12의 천재성이 있지 않았을까?

죽기 몇 달 전에 그는 니체의 서간집을 읽었다.

그는 니체가 자신이 마치 선한 신인 양 이야기했으나 여전히 가련한 사람이라고 말했다. 니체는 선한 신이 아니었다.

이 점과 관련하여 나는 아주 오래전에 『니체의 신성』이라는 제목의 책이 익명으로 출판됐다는 사실을 그에게 알려 준 기억이 났다. 이 책은 니체의 신성을 열렬하게 확언하는 것이었다. 니체를 옹호하는 차원을 훨씬 넘어 니체를 거의 신앙의 대상으로 끌어올린 이 책을 나는 아주 좋아했다. 에즈13에서의 니체! 그때, 그리고 나중에 토리노14에서 그가 받은 자기 자신에 대한 계시!

카뮈는 이 신앙 행위를 심각하게 받아들여야 할 내기로 여기면서도, 여전히 미심쩍어 했다. 그러나 니체는 예

---

12 막심 고리키(Maksim Gor'kii, 1868~1936). 러시아의 작가.
13 프랑스 지중해 연안에 위치한 고원 도시로 관광의 명소다.
14 이탈리아 서북부 포강 기슭에 위치한 공업 도시.

컨대 디오니소스, 그리스도에 대한 무의식적인 모방 의지를 늘 지니고 있었으므로, 카뮈는 이 착각을 이해하고는 용서했다. 카뮈에 의하면 니체는 자기 자신의 존재에 기진맥진해져 그들을 흉내 낸 것이다. 그러나 카뮈는 누구나 자기 자신이기를 감수해야 한다고 생각했다.

니체의 경우 그가 존경한 것은 무엇보다 육체적인 고통과의 끊임없는 투쟁이었다. 그는 결론적으로 다음과 같이 말했다. "귀족은 귀족답게 행동할 의무가 있다는 속담이 항상 옳은 것은 아니다. 그러나 의무는 대개 인간을 고상하게 만든다." 그가 타인에 대해 이런 식으로 마치 타인이 자기 자신인 듯 말하고 있다고 어찌 생각하지 않을 수 있겠는가?

그가 가장 크게 탄복한 문학은, 문학이 인간성과 따로 분리된 것이 아니라는 그의 생각을 고려할 때, 글쓰기와 삶 사이의 이러한 결합을 구현한 러시아 문학이었다. 그는 톨스토이를 가장 위대한 문인으로 존경했으며,(루르마랭의 방 안에는 톨스토이의 사진이 걸려 있었다.) 톨스토이의 것이라면 설교까지도 용납했다. 그는 도스토옙스키에게도 홀렸으며, 더 나아가 모든 러시아 작가에게 그러했다. 심지어 셰드린15의 『골로블료프가의 사람들』이 그에게는 애절하고 훌륭한 책인 듯했다.

알베르 카뮈는 영광에 대해 대체로 환상을 품지 않았다. 그는 『여름』이 2만 권 팔렸다고 — 그는 얼마나 많은 책을 출간했던가? — 내게 말한 날조차, 다음과 같은 이야기를 해 주었다.

"생라자르 역 서점에서 요양소에 사는 환자들이 내 책을 찾았지만 찾아내지 못했습니다. 그들에게 나는 모르는 사람이었어요. 게다가 서점 여주인은 그들이 내 책을 찾은 것은 내가 요양소 독서 위원회 위원이기 때문이며 내가 글을 쓴다는 사실을 확인하고 싶어 했기 때문이라고 말했습니다.

얼마 후 어떤 사람이 소리쳤습니다. '아! 카뮈 씨, 당신은 자신이 유명하다는 말을 하지 않았지요. 하지만 이제는 알겠어요. 당신 영화를 본 적이 있답니다.' (그 사람은 영화인 카뮈를 두고 말하고 있었던 것이다.)라고요."

---

15 미하일 예브그라포비치 살티코프(Mikhail Yevgrafovich Saltykov, 1826~1889). 러시아의 작가. 셰드린(Shchedrin)은 필명이다.

노벨상에 힘입어 그의 명성이 전 세계적으로 퍼지게 되었다. 물론 그 이전에도 『이방인』 덕분에 그의 이름이 전광석화처럼 알려지기 시작하긴 했다. 그러나 단지 문학계에서만, 그리고 젊은이들 사이에서만 그랬다. 알베르 카뮈는 '비평가상'을 받은 바 있었다. 그의 작품이 점점 많이 번역되기 시작했다. 외국에서 강연을 하게 되면서부터, 카뮈라는 사람의 명성 때문에, 그의 작품을 알고자 하는 욕망이 점점 널리 펴져 갔다. 노벨상은 이러한 공인(公認)의 마무리 과정이었다. 작가라면 그렇게도 받고 싶어 하는 상을 수상한 작가가 비교적 젊다는 사실16은 이 마무리를 더욱 빛나게 했다.

스톡홀름에서 사람들이, 특히 심사위원으로 위촉받은 새로운 세대의 작가들이 그를 수상자의 한 사람으로 이야기하고 있었다는 사실을 나는 여행을 하면서 알게 되었다. 파리 신문사 사장들은 불시에 일을 당하지 않고 큰 사건을 예측하려는 직업상 특성에 걸맞게, 몇 년 전부터 '당신은 방금 노벨상을 수상했다. 소감이 어떤가?'라는 주제로 그

---

16 카뮈는 마흔네 살에 노벨 문학상을 받았다.

에게 대담을 요청해 왔다.

    어떤 작가들은 이 질문에 미리 자발적으로 응했다. 그 응답들은 결코 빛을 보지 못할 것이었다. 카뮈는 거절했다. 그는 앙드레 말로의 성공[17]을 예견하고 희망했다. 게다가 말로는 스톡홀롬으로 강연하러 간 적도 있었다. 카뮈는 말로에게 깊은 존경심을 품고 있었다. 이에 대한 첫 번째 증거는 알제에서 「경멸의 시대」를 연출한 것이었다.

    공적으로는 거의 만장일치였다. 내가 거의라고 말한 이유는 내 기대와는 달리 격렬한 공격도 있었기 때문이다. 가장 심한 공격은, 프랑스의 첫 번째 노벨상 수상자였으나 이제는 작품에 대한 평판이 실추된 쉴리 프뤼돔[18]과 카뮈를 비교한 것이었다. 그래서 알베르 카뮈는 한 주간지에서 내게 카뮈에 대한 글을 써 달라고 요청했을 때 그 요청을 수락하도록 내게 용기를 주었으면서도 이제부터는 전에 없이 많은 적을 갖게 될 거라고 말한 것이다.

    여기에서 내 의도는 일화를 이야기하려는 것도, 문학적 동향의 연대기를 쓰려는 것도, 문학계나 인물을 묘사하

---

17 노벨 문학상 수상을 말한다.
18 Sully Prudhomme(1839~1907). 프랑스의 시인이자 비평가로 1901년에 노벨 문학상을 받았다.

려는 것도 아니다. 그러므로 나는 카뮈가 스톡홀름으로 떠나기 전에 필리프 에리아[19]의 주도로 알베르 카뮈의 친구 열 명가량이 마련한 저녁 식사가 우호적이고 소박했다는 것을 상기시키는 것에 만족하려 한다. 내 기억 속에 남아 있는 것 또한 노벨상 발표가 있고 나서 카뮈가 알제리에서 스톡홀름으로 떠나기 전 그와 머리를 맞대고 먹은 점심이다. 그는 자신에게 일어난 일 때문에 어리둥절해 있었고 스스로도 그렇다고 생각했다. 이는 그가 다른 많은 사람들처럼 자신에게 일어난 '좋은' 일에 대해 한탄할 정도로 위선적이었기 때문이 아니다. 추측하건대 그때 그는 자신의 어머니와 초등학교 시절 선생이 머릿속에 떠올랐을 것이다. 마치 그가 손가락으로 목걸이의 첫 알과 마지막 알을 서로 잇기라도 한 듯이 말이다. 이 이미지는 지금 이 순간 내게 떠오르는 것으로서 현실과 매우 부합한다.

---

19 Philippe Hériat(1898~1971). 프랑스의 작가.

5

알베르 카뮈는 젊은 시절에 그 이후 어느 때보다 여행에 커다란 매력을 느꼈다. 그렇지만 모든 여행이 행복했던 것은 아니다. 1938년 7월 개인적인 이유로 오스트리아 여행을 했을 때가 그랬다. 잘츠부르크에서 공원과 예술품에 탄복하기는 했지만, 프라하 같은 도시에서는 가슴 아픈 유배의 감정이 지배적이었다. 그곳에서 그는 고독감에 시달렸다. 이와 같은 고독을 자기 고장에서도 느꼈다. 그는 오랑1을 냉혹하게 묘사하는 글을 써 왔다. 그렇다고 해서 하나의 도시가 아닌 알제리의 일부를 이루는 곳으로서의 오랑에 대한 애착을 감출 수는 없었다. 그에게 오랑은 난폭하나 다산성(多産性)을 지닌 도시였다. 그것은 (그가 오랑에 대해 쓴 소책자에 묘사되었듯이) 미노타우로스2가 권태를 표상하는 몹시 까다로운 미궁이었다. 그가 모든 것을 극복하도록 만드는 것은 태양이었고 바다였다. 그는 오랑 근처의 황량하고 터무니없이 넓은 해변에서 천막을 치고 여러 날을 보냈다. 그는 이 동물적인 삶에 깊은 행복감을 느꼈다. "해변의 아침은 세계의 첫날인 듯했다." 낭만파의 상투어로 통할지

---

1 알제리의 제2의 도시. 수도 알제에서 서쪽으로 432킬로미터 떨어져 있다.
2 그리스 신화에서 크레타섬의 미궁 한가운데에 유폐된 반인반수의 괴물로 미노스 왕의 아내가 소와 정교(情交)하여 낳았다.

도 모르는 이 말이 그에게는 남다른 충만한 의미를 띠었다.
　새벽의 시인이 있다면, 그는 카뮈다. 첫날…… 그리고 또한 최초의 인간(아직 간행되지 않은 미완성 책의 제목). 시간상 최초의 것은 가장 탁월한 것이기도 하다. 무엇 때문인가? 모든 시초는 삶을 사랑하는 사람에게 아름답기 때문이고,(그렇다고는 해도, 작품이 당연히 삶과 혼동되는 것은 아니므로, 작품은 완성되었을 때에만 아름답다고 생각할 수 있다.) 가능한 것이 아직은 숙명적인 것으로 변하지 않았기 때문이며 또…… 그런데 이토록 많은 이유를 대야 할까? 우리에게 선택권이 있는 것은 아니지만, 우리의 운명이 우리의 본성과 일치할 때 우리는 우리에게 주어진 것을 사랑할 수 있다.
　그는 아직 학생이었을 때 처음으로 이탈리아를 여행했다. 그는 이 여행에 몹시 만족했다. 피렌체에 경탄했고, 거기에서 홀린 듯 며칠을 보냈다. 그 뒤에 로마로 갔다. 나는 로마가 다른 도시들은 눈에 들어오지도 않게 만들어 버릴 굉장한 도시라고 생각한다. 로마에서 그는 마치 탐험하러 온 듯이, 가이드도 없이 산책을 했다. 박물관이나 교회는 거들떠보지도 않고, 딱히 어딘가에 들어가 봐야겠다는 생각도 하지 않고 돌아다녔다. 로마 산책은 그에게 치료제였다. 아름다움은 마음의 병을 고쳐 주고 빛은 정신의 양식을 마련해 준다고 그는 말했다. 언덕들,(자니콜로, 팔라티노) 분수들, 하드리아누스 황제의 별장, 그는 장식이 풍경과 하나를 이루고 있는 이런 것들에 마음이 끌렸다. 그는 로마의 햇살과 토스카나의 햇살을 구별해 낸다. 후자는 갈라져서 거의 가루 같은데, 전자는 하늘에서 '규칙적으로, 풍요롭게' 흘러내려 '가슴을 뿌듯하게 한다.'3는 것이다.

 이탈리아는 젊은 그에게 예술이 무엇인가를 계시해 주었다. 중년의 나이에, '베스파스'와 '테데스키'4 상품이 거리에 넘쳐 났는데도, 그는 그것들을 보고 오히려 이탈리아에서 홀가분하게 사는 행복을 다시 생각해 냈다. 그리고 1955년 봄, 그는 몬테산사비노에서 시에나5에 이르는 자신의 여정과 관련해, 움브리아6에 대해 이렇게 말한다. "여기는 부활의 땅이다. 이는 친구들과 연인들이 죽은 뒤에 서로 다시 만난다고 상상되는 곳이라는 의미다." 요사파트 계

---

3 그는 또한 괴테를 본보기 삼아 '로마에서, 숨 막힐 듯 빽빽한 궁궐들에 둘러싸여, 하늘 풍경이나 분수를 발견했을 때 느껴지는 그 순간적인 행복'에 대해서도 말하곤 했다.(원주)
4 이탈리아 봉제품 상표들.
5 몬테산사비노는 토스카나 주 아레초 현에 있고, 시에나는 이탈리아 중부에 있는 도시로 시에나 대성당 등 오래된 건축물이 남아 있다.

곡7이 아니라 이탈리아 움브리아에서의 부활, 헤어진 이들과 재회하는 것이 유일한 목적인 부활…….

그리스에 대해 그는 다른 종류의 행복을 느꼈다. 그것은 감옥에서 나와 '충만한 하늘에 확연히 드러나는 벌거벗은 산으로 단번에' 간 사람이 느낄 수 있는 그러한 공간감이 일으키는 행복이다.(특히 미케네로부터 깊은 인상을 받았다.) 그리스는 알베르 카뮈를 유폐에서, 스스로를 격리시키는 그 내면의 감옥에서 벗어나게 해 준 듯하다. 그런 만큼 바다와 섬은 그에게 낙원, '행복의 섬'8이었다.

행복이 절정에 달한 바로 그런 시기에조차 대립이 나타난다. 항해를 하다가 그리스 정면에 보이는 소아시아에서 그는 '밤과 낮만큼이나 서로 다른 두 세계'를 보았다. 그렇지만 비참한 것은 마찬가지라고 그는 강조한다. 한쪽에서 부족한 것이 다른 곳에서는 과연 흘러넘치는가? 하고 그는 자문했다. 대답은 그의 작품 속에 있다.

그 대답은 인간을 어떻게 생각하느냐에, 인간의 본성에 영원한 가치를 두느냐 그러지 않느냐에 있다. 그런데 천

---

6 이탈리아 중부에 있는 주.

7 Josaphat. '여호아께서 심판하신다.'라는 의미다. 『요엘서』 3장 2~12절에 의하면, 마지막 날 여호와가 민족들을 모아 심판하게 되어 있는 곳이다.

8 카나리아 제도의 옛 이름.

년 전부터 아시아는 그리스와 서양 전체가 인간에게 부여한 그 지배적 지위에 반대하는 입장을 내보이고 있다.

그리고 아메리카는? 일본은? 지금 살고 있는 세기와 보조를 맞춰 살기를 바란다면 가 보지 않을 수 없는 나라들이다. 먼 곳에서 일어나는 일을 알아보려는 병에 오랫동안 길들여진 사람에게는 절대로 호기심이 없을 수 없었다. 그는 일본으로부터 여러 가지 유리한 제안을 받았다. 비행기 여행은 시간이 많이 걸리지는 않는다 해도 역시 매우 고된 것이었다. 항상 그 숨 막히는 느낌, 그 폐소 공포증…… 그리고 써야 하는데도 쓰지 않고 있는 작품, 이미 하나를 썼고 그것으로 충분하니 쓰지 말라고들 만류하는 작품에 대한 딴생각……. 그렇지만 창작자에게는 이른바 완성된 그런 작품으로 충분하지 않다. 창작자의 마음속에서는 마르지 않는 샘물이 솟아난다. 그 샘물은 때때로 멈춘다 해도 다시 흐름을 이어 간다. 단 그에게 너무나도 낯선 사물이나 사람이 개입하지 않는 한에서 그렇다. 그런데 당신을 경멸하는 이들은 단호히 무시해 버리면 적어도 당신을 가만히 내버려 두기는 한다.

알베르 카뮈는 1947년에는 북아메리카에, 1949년에는 남아메리카에 마음이 끌렸다. '문화 교류 협회'에서 그를 이 두 곳으로 보내 주었다. 그는 아메리카 문화를 별로 좋아하지 않았다. 그러다가 생활 수준의 향상,[9] 적어도 백인 사회에서는 가능한 복장과 관습상의 평등, 육체 노동자들이 서슴지 않는 옷차림, 곧 '장갑을 끼고 있는 쓰레기 청소부와 도로 청소부'를 보고는 유쾌한 경이에 사로잡혔다. 어디서나 들려오는 라디오 소리에 신경이 거슬렸지만, 한 카페에서 동전 한 닢으로 라디오를 끌 수 있다는 사실에서 희망의 징후를 발견했다. 물론 고인에게 옷을 입히고 화장(火葬)하는 관습, 죽은 사람을 잊어버리게 하기 위한 갖가지 장식은 받아들일 만한 것이 아니었다. 그렇지만 이에 대해 그는 뭐니 뭐니 해도 유럽인들이 빠져 있는 자기만족적인 즐거움을 피하는 방식이라고 말했다. 나는 이 말에 처음에는 깜짝 놀랐으나, 나중에는 그 말이 진실을 드러내는 것으로 보였다. 아마 그는 나폴리식 장례 행렬을 받아들였을 것

---

9 이는 말할 나위 없이 두서없는 이야기다. (원주)

이다. 이 장례 행렬에서 영구차는 트럼펫을 불거나 웃는 모습의 천사들로 화려하게 장식되어 있다. 이는 아마 세속적 삶의 이미지는 아닐 것이다. 그래도 역시 삶과 행복의 이미지인 것은 사실이다.

남아메리카에서는 일화들을 이야기하는 쪽으로 내가 이끌리는 것일까? 아니다. 그는 이 여행 내내 몹시 피곤해했다. 수도를 돌아보게 되어 있는 공식적인 순회 계획에 따라 이 거대한 대륙의 어느 한 나라도 빠뜨리지 않고 비행기를 갈아타며 돌아다닌 탓에 기진맥진해졌다. 강연 주제는 '소설과 반항', '샹포르', '반항 정신'이었다. 그는 많은 질문을 받았다. 응답은 이미 그의 작품에 제시되어 있었다. 어느 날은 브라질 대학생들로부터 왜 '철학적인' 희곡을 쓰느냐는 질문을 받았다. 알다시피 그의 대답은 재치 있는 경구였다. "사람은 죽습니다. 그리고 사람은 행복하지 않습니다. 이 두 문장 속에 아주 개괄적인 철학이 들어 있습니다."

이 긴 순회 여행 내내 그는 자신의 위치를 허울뿐인 것으로 보았다. 그는 자신이 새로운 문학의 '젊은 주연'으로서 이 머나먼 나라에 파견되었고 이 역을 맡도록 강요받고 있다는 느낌을 받았다. 그리고 마치 그에게 모든 것을 읽을 시간과 모든 것에 대해 판단할 능력이 있다는 듯 많은 원고 청탁이 들어왔고, 그의 머릿속은 파리의 큰 출판사를 통해 출간될 예정인 원고에 대한 생각으로 가득 차 있었다.

물론 그는 많은 인물과 장소, 예컨대 300년 전에 시작되어 민중의 자발적인 신앙심을 입증하는 이구아피[10]의 예수라는 순례지에 흥미를 느꼈다. 그는 호화 주택과 커다란 호텔 주위로 빈곤의 광경이 펼쳐져 있는 것에 충격을 받았다. 그러나 그가 브라질에서 가장 깊은 인상을 받은 것은 '마쿰바', 곧 아프리카에서 유래한 그 통과 의례 집회였다. 그가 '자라나는 돌'이라는 제목을 붙인 단편 소설에서 이 인상의 흔적이 엿보인다. 이 단편에는 모든 초자연적 간섭에서 멀리 떨어져 모든 사람을 감싸 안는 우정 어린 꿈이 서술되어 있다.

---

[10] 브라질 상파울루주의 도시.

○

　우리가 브르타뉴 지방으로 함께 떠난 것은 1947년 8월 4일이다.

　알베르 카뮈는 나와 더불어 내 가족을 데리고 함께 가는 것을 받아들였다. 자동차를 시운전해야 했기 때문에 우리는 천천히 갔다. 어떤 때는 그가 또 어떤 때는 내가 운전했다. 바로 그때 그는 최근 자신에게 일어난 '가짜 가정부'에 대한 이야기를 들려주었다. 알베르 카뮈가 아메리카에 머무르는 동안, 한 젊은 여자가 그의 집에 와 가정부로 일하고 싶다고 해서 그의 아내가 허락했다. 어느 날 아내가 한 친구를 점심 식사에 초대했는데, 그 친구가 식사 시중을 드는 가정부를 보고는 "X 양이 맞지요!" 하고 소리쳤다. 그 가정부는 기자였다. 그녀는 알베르 카뮈가 가정부에게 책을 어떤 식으로 증정할지 알아보기 위해, 그리고 특히 저자의 사생활을 깊이 이해하기 위해 가정부로 '취직'했다고 고백했다.

카뮈를
추억하며

○

브르타뉴 지방이 전적으로 알베르 카뮈의 마음에 든 것은 아니었다. 해수욕을 하고 싶어도 조수(潮水) 때문에 만조 시간을 미리 알아봐야 했다. 그러지 못한 채 썰물 때 바다를 찾은 경우에는 물을 보러 수 킬로미터나 걸어 나가야 했다. 너무 자주 날씨가 흐려졌다. 이곳 사람들의 생김새는 지중해적 몸매에 익숙해진 눈을 어김없이 놀라게 했다. 그리고 죽은 사람을 숭배하는 일이 너무 많은 자리를 차지했다. 이것을 숭배라고 말할 수 있을까? 아니다. 오히려 죽음에 대한 편집증이다. 묘지를 자주 방문하는 것을 보면 알 수 있다. 알베르 카뮈는 인간의 비참한 모습에 고통스러워했다. 그는 인간이 그토록 많은 불행을 충분히 감당하고 있으므로 주제넘게 불행을 장황하게 늘어놓음으로써 인간에게 고통을 추가할 필요는 없다고 생각했다. 그는 사람들이 느끼는 불행을 부정하지 않았다. 오히려 불행을 정면으로 바라보았고 해결책을 찾으려 했다. 그러나 불행을 역설하는 것은 좋아하지 않았다. 그것은 소용도 없고 유해한 짓이었다.

우리는 렌에서 밤을 보냈다. 그러고 나서 금작화와 떨기나무로 뒤덮인 어느 시골을 지나 콩부르에서 잠시 쉬었다가 생말로로 향했다. 그는 내게 (정확하게 이런 용어를 쓴 것은 아니지만) "저의 펜을 바다에 담가 부드럽게 만들고 싶습니다."라고 말했다. 그는 스탕달의 문체를 간직하면서도 샤토브리앙 문체의 어떤 면모를 체득하고 싶어 했다.11 그는 성공했다. 「간부(姦婦)」의 끝부분이 그 증거다. 경계하기는 했지만, 그는 지중해 사람으로서 '조음법'12에, '벨 칸토' 창법13에 민감했기 때문이다.

바로 그날 그 시간에 콩부르 성을 방문했던가? 지금은 잘 기억나지 않는다. 어떤 사람 때문에 우리가 어려움을 겪은 것은 생각이 난다. 여주인이 어떤 방문객들인가 하고 내려왔다. 알베르 카뮈라는 이름은 그녀에게 생소했다. 그녀는 우리에게 어떤 방을 특히 둘러보고 싶은지 물었다. "샤토브리앙의 방이오." 이것이 우리의 대답이었다. "샤토브

---

11 그는 자신의 '음역(音域)'을 넓히고 싶어 했다. 『적지와 왕국』은 다양한 발상을 담은 단편집일 뿐만 아니라, 다양한 문체를 연습하려는 의지를 보여 주고 있다. 그는 파스칼과 샤토브리앙을 가장 위대한 프랑스 작가로 여겼는데, 이 두 작가는 음역의 양 극단을 차지하고 있었다. (원주)
12 원래는 음악 용어로 악기(목소리)의 음정을 고르는 방식이다.

리앙이라고요? 가장(家長)을 말씀하시는 건가요, 아니면 작가를 말씀하시는 건가요?" 우리는 이 질문에 매우 놀라서 작가라고 대답했다! 실제로 그 위대한 작가는 단지 동생일 뿐이었다. 방문 자체를 더 이상 강조하지는 않겠다. 건물은 19세기에 처참하게 변모되었다. 풍경도 마찬가지였다. 예전에는 성과 연못 사이에 집이 없었다. 그래도 역시 알베르 카뮈는 콩부르와 특히 생말로에서 자신에게 시금석 구실을 하는 그 위대함의 인상을 받았다. 그는 예술 작품이나 삶에서뿐만 아니라 풍경에서도 위대함의 인상을 찾아내려고 했다.

루이 기유와 함께 우리는 트레기에14로 여행을 했다. 거기에서 우리는 르낭의 생가와 교회, 그리고 수도원을 방문했다. 카뮈는 르낭의 생가 방명록에 이름을 써 넣었다.

○

그는 이집트에 호감을 느꼈다. 나는 이집트에 살던 시

---

13 미성(美聲)을 내는 데 치중하는 발성법.
14 프랑스 서부 코트뒤노르의 도시.

절(1945~1950년) 카뮈에게 한번 찾아오라고 채근했다. 그라면 그곳의 풍경과 장엄한 기념물들과 기후를 좋아했을 것이다. 그러나 그의 말에 따르면 당시 '문화 교류 협회'는 그에게 이집트를 제외한 모든 나라로의 여행을 제안했다고 한다. 아마 알제리의 아랍인들을 편들었던 사람이 이집트에 가는 것은 위험하다고들 판단했기 때문이리라. 당시 카이로는 범아랍주의의 진원지였다. 카뮈의 이집트 방문은 범아랍주의를 부추기는 일이었을 것이다.

    (아마 상황이 변했을) 다른 시기에 이집트를 여행할 기회가 생겼다. 내게 강연을 해 달라는 요청이 들어온 것이다. 그는 나와 함께 가기로 마음을 굳혔다.(당시 카이로 주재 프랑스 대사였던 쿠브 드 뮈르빌 씨가 순회 강연 계획을 짰는데, 카뮈와 내가 교대로 강연하게 되어 있었다.) 그는 이 뜻밖의 휴가에 기뻐했다. 그러나 그의 친척 하나가 병에 걸려 떠나기가 어려워졌다. 그래서 나도 여행을 단념했다.

카뮈를
추억하며

○

그는 아시아의 여러 나라에는 흥미가 없었다. 그는 유럽 밖에서 보아 온 것 때문에 어떤 나라도 지중해 연안의 나라보다는 못하다는 확고한 생각을 지니고 있었다.

1959년 초여름, 나는 내가 스무 살 때부터 몹시 가 보고 싶어 했던 먼 나라로부터 학술 대회에 참석해 달라는 요청을 받았다. 나는 수락했다. 그러고 나서 출발 날짜가 다가옴에 따라 여러 문제를 생각하기 시작했다. 여행은 아주 짧을 것이고, 거리는 너무 멀다. 이 짧은 여행으로 피로가 많이 쌓일 것이다. 거의 아무것도 보지 못할 것이고 많은 시간을 연설이나 리셉션으로 보낼 것이다. 그렇지만 한 번뿐인 기회인데…….

나는 알베르 카뮈에게 내 난처한 처지를 알렸다. 그는 반쯤은 비꼬고 반쯤은 동정하는 기색으로 내 말을 들었다. 내가 대체로 굉장히 우유부단하다는 것을 그는 알고 있었다. 그러나 나에 대해 안달이라기보다는 동정 섞인 공감을 느끼고 있었다.

그는 내게 말했다. "오랜 여행을 하고 싶을 때는, '어떤 최악의 사태가 나에게 일어날 수 있는가?' '그것은 죽는 것이다.' '그래서?' 하고 자문해 볼 필요가 있습니다."

나는 그때부터 그 말에 대해 자주 생각했다.

여름이 지나고, 그를 다시 만났다. 여러 핑계를 대고 나서는 떠나지 않았다고 그에게 말했다. 그는 내가 떠나지 않은 것을 기쁘게 받아들여 주었다. "정말 하고 싶은 일 외에는 하지 말아야죠."

6

"창문을 닫아 주세요, 날씨가 아주 좋아요……." 플로베르의 친구인 르 푸아트뱅이 세상을 뜨며 한 말이다. 이 말은 알베르 카뮈의 『수첩』에 인용되어 있다.

자연이 제공하는 취기에 취한 적이 없는 사람들에게 자연 속에서의 도취에 대해 말하는 것은 쓸데없는 일이다. 다른 사람들에게는 거의 무익하다. 그들은 오로지 자기 자신이 다른 사물의 일부로 바뀌는 그러한 순간들을 기대하거나 추억하면서 살아간다.

나는 이드라의 언덕길에서 부아롤 기념탑, 여름 궁전, 갈량 공원을 지나 도보로 내려오면서, 그리고 알레티 호텔에서 정부 광장까지 강가를 따라가면서, 찬란한 아침 햇살을 받으며 걷고 있었다. 아침에 바브 엘 우에드 고등학교(이것은 옛 학교명인데 새 학교명은 모르겠다.)로 출근하는 길이었다. 진정한 환희, 당신 자신과 당신을 둘러싸고 있는 모든 것 사이의 어떤 일치, 아무도 의식하지 못하는 일치가 없으면 무엇에서 생겨나는지 말할 수 없는 그러한 환희를 느꼈다.

나는 이 환희에 대해 아무에게도 말하지 않았다. 이 환희는 너무나 내밀하고 동시에 너무나 진부했다. 그러나 나는 필시 이 환희에 젖어들었을 것이다. 그런데 다른 사람들, 특히 젊은이들 또는 더 나이가 많은 사람들의 약점을 몰래 노리고 '또한' 자기 고장에 대해 매우 유익한 호기심을 키울 수 있는 이들이라면 틀림없이 이 환희를 간파했을 것이다. 나로서는 같은 감정을 느끼는 이들과 공모한다는 기분이었다. 이러한 공모의 기분으로 말미암아 나는 암암리의 양해나 묵인에 이르렀다. 나는 그 사람들이 누구인지 알지 못했다. 아마도 직업상 가까이 다가간 이들이었을 것이며 어쩌면 그들이 아니었을지도 모른다. 그래서 입을 다물고 있었다.

만일 누가 나에게, 당신은 그에게 무슨 말을 했습니까? 하고 묻는다면 나는 솔직히 아무 말도 하지 않겠다고 대답할 것이다.('그'는 타인이며, 이 경우에는 알베르 카뮈다.) 그는 내가 지중해에 대해 쓴 글을 곧장 읽을 수 있었다. 그러나 내가 그에게 무언가를 전달했다면, 그것은 병이나 정열이 전염되는 것과 같다. 하지만 그는 이 병, 이 정열의 온갖 씨앗들을 이미 지니고 있었다. 그래서 병이나 정열 같은 것이 아마 좀 더 일찍 생겨났을 것이다.

나는 그의 침묵이 부정의 의미인 것에 대해 말하곤 했다. 그는 동의하는 뜻으로 침묵을 지키기도 했다. 이러한 침묵은 공동 생활로 인하여 서로 멀어질 위험이 있는 이들을 가깝게 해 준다.

어린 시절을 지중해와는 아주 다른 대서양 근처에서 안개에 묻혀 보낸 내게 태양과 바다에 대해 말할 권리가 있었을까? 그러나 영혼이 육체를 하나 필요로 하듯이 내가 그러한 욕구를 지니고 있었다면, 이는 이 행복을 누리지 못하고 욕망하는 나와 이 욕망을 모르지만 행복을 누리는 어떤 사람 사이의 유대가 그 욕구로 인해 생겨날 수 없었기 때문일까?

그는 젊고 건강하며 가난하지만 활기로 가득 찬 덕에 이 태양과 바다를 마음껏 느낄 수 있었다. 하지만 나이가 더 많은 사람은 세상에서 뒤로 물러나 거의 사회 밖에서 살아가는 습관이 든 탓에 소극적으로만 그것들을 향유할 수 있을 뿐이다. 아마도 그는 포기하고 싶은 유혹을 받을 것이다.

　이방인, 「오해」의 마리아, 칼리굴라 등 훗날 알베르 카뮈가 상상해 낸 모든 인물들은 강렬한 삶의 욕망을 부르짖는다. 그들은 매우 고약한 장애에 부딪힐 테지만, 그 무엇도 그들의 악착스러움을 제압하지는 못할 것이다. 절대로 정상적인 삶을 살 수 없는 「행복한 죽음」의 중풍 환자도 주저하지 않고 삶을 예찬하며, 젊은 친구에게 자신을 죽여 손 닿는 곳에 놓여 있는 자신의 재산을 탈취하라고 권한다. 그는 원한 대로 죽을 테지만, 르 푸아트뱅처럼 "창문을 닫아 주세요, 날씨가 아주 좋아요."라고 말하지는 않을 것이다. 반대로 "창문을 열어 주세요."라고 말할 수는 있으리라. "날씨가 아주 좋아요!"라는 똑같은 이유로.

대단히 검소함—취미가 매우 소박함—욕구가 거의 없음.

내가 식당에서 그와 함께 점심을 먹을 때, 그는 많이 먹지 않았다. 사실 그의 주된 식사는 저녁 식사였다. 아침에는 글을 썼고, 오후에는 해야 할 일을 처리했으며, 저녁에는 기분 전환을 하며 시간을 보냈다. 어쨌든 그는 (작은 것이 아니라) 적은 것에 만족했다. 화려함이나 축제를 좋아했다. 그러나 늘 그런 것은 아니었다. 많은 양도 안락함도 그 자체로는 좋아하지 않았다. 기차가 세 등급으로 나뉘어 있던 시절에 그는 이등석을 탔다. 매장하는 데에도 '등급'이 있던 시절에, 그는 (빅토르 위고처럼) 정반대로 과시욕에서 연유하는 가난한 사람들의 일급 장례식을 원하지 않았을 것이다.

그는 비행기를 전혀 좋아하지 않았다. 단지 편리하기 때문에, 예컨대 알제에 가기 위해 비행기를 탔다. 그는 비행에서 느끼는, 그리고 허약한 폐 때문에 더 심해지는 폐소공포증을 극복하는 데 오랜 시간이 걸렸다.

그는 속도 또한 좋아하지 않았다. 루르마랭에서 그를 위해 수고를 해 주던 어느 신뢰할 만한 사람이 (자동차로 남프랑스 지역까지 가려다가 마침내 포기하고는) 아비뇽으로 그를 찾아갔을 때 카뮈는 말했다. "당신이 계속 운전하세요, 나는 풍경도 구경하고 졸기도 할 테니까. 너무 빨리 몰지는 말고요." 큰 위험은 없었다. 낡은 시트로엥은 루르마랭에 두고 다른 차를 몰고 왔기 때문이다.

알다시피 나는 몽테뉴나 플루타르코스를 흉내 내 사물과 인물의 자질구레한 측면을 이야기하느라 늑장을 부리고 있다.

광범위한 일반 사상의 층위에서 말하자면, 표현의 간결성, 수단의 경제적 사용, 사물과의 직접적인 접촉을 중시하는 이러한 태도는 지중해적이 아니라면 그리스적인 성격을 띠고 있을 것이다. 올리브 열매 몇 개와 물 한 잔, 색깔을 없애 버리는 엄청난 빛.

몇 가지만 더 얘기하면, 절도(節度), 그러나 지나침을 경험한 뒤의 절도, 힘의 균형, 그러나 늘 활력 넘치는 균형,

비장감을 이겨 낸 뒤의 차분함, 극단적인 것의 적절한 완화.

삶의 기쁨에는 한계가 있기 마련이라 해도, 어떤 경우라도 외부로부터 한계가 강요되지 않기를. 우리의 약동과 우리의 목적 사이에 어떠한 권위도 개입하지 않기를. 어떤 어둠도 우리의 태양을 가리지 않기를! 어떠한 희생도 우리에게 장점이 되지를 않기를! 「비단 구두」[1]의 개막 공연 때 알베르 카뮈는 내게 말했다. "저는 그런 윤리에 동의하지 않습니다."

그는 영원한 삶의 약속(이번에는 니체의 말을 빌려 썼다.)에 대해, 흔들리지만 언제나 영원한 활기로 타오르는 불꽃을 맞세웠다.

유일한 행복은 지상에서의 행복이며, 유일한 삶은 속세에서의 삶이다. 알베르 카뮈를 생각할 때는 이 출발점을 꼭 상기하자. 이것을 도달점으로 여기게 될 위험을 무릅쓰고서라도.

---

[1] 폴 클로델(Paul Claudel, 1868~1955)이 일본 대사로 근무하면서 쓴 희곡. 가톨릭 세계의 영광을 찬미하고 있다.(원주)

7

현대 세계에는 고대인들이 만나 보지 못한 영웅이 존재한다. 그는 비웃을 만한 약점을 지닌 어느 누구보다도 우월하며 모든 여자의 은밀한 소원을 충족시키고 어떤 여자든 정복해 버린다. 게다가 방탕하고 거만하며 하늘에 대항할 뿐 하늘은 믿지도 않는다. 그는 돈 후안이다.

알베르 카뮈는 예전에 아이스킬로스의 「프로메테우스」를 연출했듯이 (알제의 보르드 극장을 위해) 푸시킨의 「돈 후안」을 무대에 올렸다.

두 인물의 상징적 접근, 두 인물은 초자연적인 존재와 결별한다. 그들은 공인된 윤리를 받아들이지 않는다. 그들에게는 자신보다 위에 있는 것이 없다.

불의 소유, 여자의 소유. 우리의 감성에는 이 두 번째 신화가 더 가깝게 다가온다. 이 두 번째 신화에서는 지배 의지에 욕망 충족이 덧붙여진다. 그러나 돈 후안의 성적 쾌락은 또한 지적이다. 모차르트는 관능에 오만을 긴밀하게 혼합할 줄 알았다. 알베르 카뮈는 모차르트의 오페라[1]를 가장 높이 샀으며 이 오페라가 녹음된 음반(예전에 영국에

---

1 2막짜리 오페라 「돈 조반니」를 말한다. 호색적인 귀족 돈 조반니는 스페인의 돈 후안 전설에 바탕을 둔 주인공이다.

서 제작되었고 그 후 곧 널리 팔렸다.)을 즐겨 들었다.

　나는 그가 이 돈 후안에게서 자신의 모습을 보았고 그래서 돈 후안을 한 번 더 무대에 올리고 싶어 했으리라 믿는다. 그렇지만 돈 후안의 어떤 모습을 자기 자신의 것으로 생각했을까? 그것은 언제까지나 아름다움을 추구하는 자로서뿐만 아니라 '완전한 행복에 싸여 있으면서도 위험한 난바다에서 살아가는' 고독한 지배자로서의 모습일 것이다.

　고독을 채우는 수단이 있다. 그것은 연극이다. 좀 더 자세히 말하자면 희곡의 창작과 연출, 연기, 무대 장식이다. 알베르 카뮈에게 연극은 무한히 확장된 삶이었다. 연극이 보여 주는 그 수없이 다양한 거울들 속에서는 삶에 대한 사랑이 충족될 수 있었다. 이에 대해 그는 누구보다도 더 정확하게 말했다. 따라서 그가 그토록 적절하게 말한 것을 서툴게 되풀이한다면 우스꽝스러운 일이 될 것이다. 연극인이란 제2의 신이라는 아주 강한 느낌을 그는 품고 있다. 그런 만큼 희곡이 자신의 의도와 완전히 일치할 때에만 스스로 만족스럽다고 공언했다. 일곱째 날에 천지 창조가 그러했듯이 희곡이 자체의 생명력으로 존속할 수 있을 때에만 희곡과 희곡의 등장인물에 자기 자신이 들어 있음을 인정하려 들었다. 그리고 스스로 연기를 할 경우에는 어느 누구보다도 연극의 규칙을 존중했다. 오로지 장기판 위의 장기짝처럼 움직이기를 원했고 또 그렇게 했다. 그러나 동시에 그에게는 내가 몇 안 되는 배우들에게서만 보았을 뿐인 조심성도 있었는데, 이 조심성에 힘입어 그들 — 몇 안 되는 배우들과 그 — 은 자신이 맡은 역의 테두리를 벗어나지 않았다. 어떤 것도 돋보이게 하지 않았고 자기 위치에 머물렀으며 가능한 한 절제된 몸짓을 내보였다. 연기 영역에서도 그는 언제나 내게 그토록 깊은 감명을 주어 온 그 '간격'을, 거의 본의 아니게 느끼게 해 주었다. 그는 희곡이 전개되고 자신이 거기에 참여하고 있을 때에도 희곡의 줄거리로부터 거리를 두었다.

    게다가 그를 완전히 알았다고 우쭐해 할 수 있는 사람은 거의 없다. 그가 그리스 배우들을 본떠 가면을 썼기 때문이 아니다. 그는 상황에 따라 다른 모습을 보였다. 그렇다고 해서 무엇을 감춘 것도 아니었다. 그는 삶의 필요성 때문에 사물들과 사람들을 차례로 살펴야 했다. 어떤 것들에 신경을 쓰다가 어떤 것들은 잊고 지냈다. 그의 생활 방식은 차실(車室)로 나뉜 열차와 같았다. 열차의 차실들은 벽이 아니라 단순히 칸막이로 분리되어 있다. 어떤 생활 방식이 어떤 다른 생활 방식과 양립 가능한 제한된 상황을 받아들인다면, 그가 복합적인 삶을 살았다는 것은 정확한 사실이다. 약자라면 무언가를 감추지 않을 수 없었으리라. 그는 필요한 경우 여러 가지 가정과 의심에 당당히 맞섰을 것이다. 요컨대 그는 여러 다리를 걸치면서도 솔직하게 굴었다.

○

이 점에서 연극은 자유로운 표현의 전형이다. 표현의 자유는 사람들이 서로 동의하는 관습에 의해서만 제한될 수 있다. 연극이 아닌 다른 영역에는 엄청나게 많은 장애물이 놓여 있다. 그것들은 사전에 결정된 것들보다 아마 덜 심각할 테지만 더 견디기 힘들다. 실제로 그것들은 처음에는 고려되지 않는 다양한 우연으로 생겨난다. 설사 일반적으로는 고려되지 않을 것이 틀림없다 하더라도, 가장 웅대한 계획조차 실패에 이르게 할 수 있는 가소로운 장애물들. 반대로 연극과 운동에서는, 적어도 이 양자에 대한 고전적인 이해 방식에서는, 놀이가 정확하게 행해지게 되어 있다. 알베르 카뮈는 장르를 분리하자고 주장하는 데 동의했는데도 연극과 운동을 이런 식으로 이해했다. 가능한 쇠퇴가 분명히 일어난다. 그러나 행동의 장은 제한되어 있고 불리한 조건들은 예측되므로, 우연은 외부 세계에만 존재할 뿐이다. 그러므로 놀이를 시작하는 것은 그만한 가치가 있다.

이와 같은 관점에서 알베르 카뮈는 놀이꾼이었다. 니체가 좋아했을 놀이꾼이었다.

삶에 대한 사랑은 인간에게는 위험에 대한 사랑을, 예술가에게는 계산된 위험에 대한 사랑을 내포하는 것이다.

○

　알베르 카뮈의 마음을 사로잡은 것은 무엇보다도 연극이었다. 그가 『시지프 신화』에서 연극에 관해 쓴 것은 어떤 깊은 감정에 조응한 결과다.
　그는 연극을 위해 글을 쓰곤 했다. 연극은 '세계에서 그가 행복감을 느끼는 장소들 가운데 하나'였다. 공연된 희곡은 '몸으로 하는 위대한 이야기', '진실한 것을 진실임 직한 것으로 만드는 방식', 꿈을 포기하지도 않고 꿈에 정신없이 빠져들지도 않으면서 '꿈을 구현할' 가능성이었다.
　알제에서 그는 극단의 책임자, 연출가, 작가, 배우의 역할을 동시에 수행했다. 파리에서라면 불가능했으리라. 1956년에는 그가 직업 영화배우가 되려고 한다는 소문이 떠돌았다. 당시 그는 이렇게 말했다. "나는 단지 영화에 끌렸을 뿐입니다. '영화에 관해 덜 생각하지 않는' 나이트클럽 주인 역을 맡고 싶었지요. 「어느 수녀를 위한 진혼곡」에 출연한 한 배우가 곧 영화를 한 편 제작할 예정입니다. 그는 내게 대수롭지 않은 역을 맡겼습니다. 그는 나를 위해 내 이름과 포크너의 이름을 따서 알베르 윌리엄이라는 예명을 지어 주기도 했습니다."

그는 연극 공연을 보곤 했다. 물론 모든 '초연'을 다 본 것은 아니고 자신이 특별히 관심을 가진 몇 편만을 보았다. 예를 들면 장 빌라르2가 주연을 맡은 피란델로3의 「앙리 4세」, 역시 빌라르가 주연한 체호프의 「미치광이 플라토노프」 같은 것이다. 그는 체호프의 이 희곡에 또 다른 대단원이 있다고 말했다. 플라토노프는 부유한 미망인 안나 파블로나에게 독살을 당했는데, 동시에 수다를 떠는 여자들의 이목을 끌기 위해 공중으로 권총을 한 발 쏘고는 "그가 죽었다."라고 말하는 의사를 제외하고는 아무도 독살을 의심하지 않았다는 것이다. 이것은 멋진 반전이었다. 그러나 실제 대단원은 시시한 말로 끝난다. 그것은 플라토노프의 "왜?"라는 말이다.

알베르 카뮈는 공연할 무대, 실로 자기 자신의 무대를 갖고 싶어 했던 것 같다. 그는 파리의 모든 소극장의 좌석

---

2 Jean Vilar(1912~1971). 프랑스의 배우이자 연출가.
3 Luigi Pirandello(1867~1936). 이탈리아의 극작가. 염세적이고 전위적인 작품을 주로 연출했다.

수를 알아보고 다녔다.

　말로는 카뮈에게 코메디 프랑세즈의 감독직을 제의했다. 하지만 카뮈는 거절했다. 이유 있는 거절이었다. 낡은 것으로 새것을 만들 수는 없다고 생각했던 것이다. 그는 1960년 1월 4일 파리로 돌아왔다. 이번에는 말로가 제의한 또 다른 극장의 감독직을 어떤 조건으로 맡을 수 있는지 알아보기 위해서였다.

　알베르 카뮈의 모든 희곡 중에서 지속적으로 커다란 성공을 거둔 것은 「칼리굴라」뿐이었다. 그가 각색한 것 중에서는 포크너의 「어느 수녀를 위한 진혼곡」이 성공을 거두었다. 하지만 나로서는 문제가 많은 작품이 아닌가 하는 생각을 떨쳐 버릴 수 없다. 알베르 카뮈는 자신의 작품 가운데 어떤 것도 진정한 성공을 거두지 못했다고 — 물론 다른 가치는 지니고 있겠지만 — 우울한 심정으로 확인하곤 했다. (1959년 2월의 「악령」4은 연출 비용이 상당했는데도 삼년 뒤에야 큰 성공을 거두었다.)

　알베르 카뮈는 각색에 많은 노력을 쏟았다. 예컨대 「어

4　도스토옙스키의 동명 소설을 각색한 희곡이다.

느 수녀를 위한 진혼곡」에서 삼십팔 분 동안 지속되는 고백 장면은 심각하고 비장해야 했는데, 훔쳐보는 성도착자로 암시되어 있는 포피(Poppie)라는 이름이 하필 이 장면에 등장해서 포파이5를 연상시키기 때문에, 이 이름을 바꾸기까지 했다. 특히 마지막 감옥 장면에서(그는 이 장면이 신문소설과 같다고 생각했다.) 그는 4분의 3을 잘라 냈으며 설교의 어조를 완화했다. 설교는 포크너의 '전언(傳言)'이었으며 또한 그가 가장 중시한 부분이었다. 흑인 여자는 예수라는 이름을 수없이 부르는 대신6 빙 둘러서 '살인자들의 형제', '창녀들의 친구' 등으로 일컫는다. 이 흑인 여자를 카뮈는 일부러 러시아 여인으로 바꾼다. 인종 문제에 대해 말하도록 하기 위해 간수가 등장인물로 추가되었다.

마찬가지로 「흥미로운 증례(症例)」의 경우에도 알베르 카뮈는 이탈리아 희곡을 단순화했으며 병원에서 환자의 병이 진행되는 단계의 수, 즉 무대의 수를 줄였다.

『악령』의 각색은 막대한 작업이었다. 이번에는 알베르 카뮈도 매우 조심스럽게 텍스트를 존중하기로 마음을 고쳐

---

5 Popeye. 미국의 만화 영화의 주인공. 팔에 닻 분신을 새긴 괴력의 선원으로 시금치를 먹으면 힘이 강해진다.
6 원작에는 예수라는 이름이 쓰였다.

먹었다. 악의적인 비평을 피하기 위해서였을 뿐만 아니라, 작가의 장면 구분이 완벽하다고 생각했기 때문이다.(그렇지만 장면 구분을 새롭게 했어야 했는데…….) 그는 예컨대 한 인물의 등장이 고지된 뒤에 다른 인물이 등장하게 하는 그러한 놀람 효과를 몹시 좋아했다. 그래서 소설에 나타난 유사한 효과를 폭넓게 활용했다.

○

그는 청소년기부터 줄곧 연극과 더불어 저널리즘 활동을 함께 추구해 왔다. 저널리즘에 대한 그의 이해는 매우 높은 수준이었다. 이는 《전투》에서 익명으로 활동한 논설위원7의 수많은 독자들이 인정한 바다. 그는 예를 들어 자크 르마르샹8을 비롯한 친구들에게 기고를 부탁했다. 그가 내 마음을 사로잡고 있는 주제, 곧 화가들이 보고 작업하고 있는 그대로의 현대 회화에 대해 말할 기회를 내게 마련해 준 것도 이런 식이었다.

---

7 카뮈를 가리킨다.
8 Jacques Lemarchand(1908~1974). 프랑스의 작가로 갈리마르 출판사의 총서 책임자. 카뮈의 친구로 해방을 전후한 시기에 《전투》의 연극 비평을 맡았다.

우리 각자는 나름대로 여러 가지 구성 요소와 결정 요인을 지니고 있다. 책은 쓰고 싶다고 해서 쓸 수 있는 것이 아니다. 이 말은 여전히 옳다. 원한다고 해서 좋아하는 것도 아니다. 그래서 장애물은 뛰어넘을 수 없는 장벽이라기보다 창조의 가장 훌륭한 보조물이다. 자신의 한계를 뼈저리게 느끼고 그것을 이용하는 것, 이것이 바로 위대한 예술가들의 비밀이다.

알베르 카뮈는 문학 이외의 다른 예술에도 무감각하지 않았다. 그러나 문학을 하는 자로서 그토록 엄격하게 완벽을 기하려고 했기 때문에 모든 시간과 노력을 문학에 쏟을 수밖에 없었다. 따라서 다른 분야에 대해서는 스스로를 그냥 내맡겨 두었다. 그가 아주 젊은 나이에 《쉬드》에 발표한 니체와 음악에 관한 글은 내 생각에 무시해도 좋을 만한 것이었다. 통찰력이 엿보이기는 하지만 아직은 그다지 독창적이지 않았기 때문이다. 그는 화가들에게 관심을 보이기는 했지만, 우리 시대 프랑스에서 그토록 중요한 조형 예술에 관해서는 많이 언급하지 않았다.

전후 지배적인 경향이 된 추상 회화는, 예술은 자연에서 출발해야 하며 예술의 요체는 창조가 아니라 변용에 있다고 생각하는 이의 마음을 크게 끌지 못했다. 하지만 카뮈는 그와 동향(同鄕)인 건축가 장 드 메종쇨의 건축, 지중해의 빛에 흠뻑 젖어든 건축에서, 자신의 직관과 공통점이 있는 직관을 알아보았다.

그에게 형태란 ('고대인들이 '포르마'[9]라는 말을 사용할 때처럼) 아름다움과 일치하는 것이었다. 그는 만일 작가가 되지 않았더라면 조각가가 되고 싶어 했을 것이라고 말하곤 했다. 이러한 취향 때문에 몇몇 조각가들에게 우정을 품게 되었고, 그들과의 우정을 매우 고귀하게 생각했다.

알다시피 그는 발튀스의 그림을 좋아했다. 발튀스를 염두에 두고 카뮈는, 진정한 화가들이란 설령 5분의 1초에 불과할지라도 자신의 주제를 고정할 줄 아는 자라고 말했다. 풍경들, 얼굴들, 사물들은 당연히 우리로부터 멀어져 가는 반면, '위대한 회화의 인물들을 보면 모두 방금 동작을 멈춘 것, 또한 결코 소멸하지 않고 예술의 기적에 의해

---

[9] forma. 형상, 형태라는 의미다.

계속해서 살아 있는 것이라고 믿게 된다'. 발튀스는 자연을 왜곡하지 않는다. 그는 자연을 정화한다. 이는 조각가처럼 일하는 것이 아닌가? 화가와 조각가는 모두 끊임없이 움직이고 있으며, 우리에게서 영원히 빠져나가는 듯한 것을 고정하고 그것의 윤곽을 뚜렷이 그린다는 공통점이 있다.

    그리스인들에게서 물려받은, 그리고 기하학적 형상과 수(數)를 인간화하는 정적인 이상, 설령 고결함이 박탈될지언정 감히 신인동형적(神人同形的)이라고 규정되어야 하는 이상. 다음의 몇 줄로 이 이상을 정의할 수도 있을 것이다. '가슴으로 느낄 수 있는 형상, 필시 이것이 지중해 정신을 빚어내는 것일 터다. 공간이란? 공간은 어깨의 곡선, 얼굴의 타원형이다. 시간이란? 시간은 해변의 한쪽 끝에서 다른 쪽 끝으로 달려가는 젊은이의 움직임이다.'

8

견해를 갖는다는 것은 철학, 정치 경제학, 그리고 다른 지식 분야의 전문가들만의 특권으로 여겨지는 듯하다. 이들과는 달리 길고 고통스러운 내면의 경험이 원인이 되어 깊은 사색을 해 온 다른 범주의 사람들이 있다. 그들에게 견해는 비록 공부에 기대는 측면이 있다 해도 공부의 결과가 아니라 깊은 감정의 결실이다. 온갖 지식 분야의 사람들이 자신들의 삶에 중대한 영향을 미치지도 않는 갖가지 신념을 주장하는 반면, 이러한 사람들은 견해를 바로 행동으로 옮긴다. 알베르 카뮈는 바로 후자의 범주, 젊은이들과 체험의 진실[1]을 추구하는 모든 이에게 커다란 영향력을 미칠 수 있는 범주에 속했다.

알베르 카뮈에게 '평론'은 이러한 종류의 진실을 표현하는 수단이었다. 1951년 7월 어느 날 가족과 함께 휴가를 보내기 위해 르 샹봉쉬르리뇽[2]으로 떠나려던 즈음, 그는 이 점에 대해 나와 이야기를 나누었다. 그는 '네메시스[3] 신화'라는 제목이 붙을(이것이 적어도 그의 머릿속에 떠오른 첫 번째 제목이었다.) 새로운 평론집을 구상하고 있었다. 이것은

---

1 물론 이것은 '실존의 진실'은 아니다. 알베르 카뮈는 문학 장르를 구분했듯이 지적 탐구를 삶의 경험과 구별했다.(원주)
2 프랑스 중앙 산지 동부에 위치한 관광 도시.
3 그리스 신화에 나오는 율법의 여신.

『시지프 신화』가 1부가 되고 『반항하는 인간』이 2부가 될 3부작의 세 번째 부분을 이룰 것이었다. 이 새로운 평론집에서는 기독교가 헬레니즘과의 관계에서 얻은 것과 잃은 것을 다룰 계획이었다. 인류 역사에서 그러한 고뇌와 그 같은 변화의 시기는 결코 없었다. 어떻게 그와 같이 새로운 감수성, 옛날과 그토록 다른 감수성이 나타날 수 있었을까?

"……개인적으로 저는 헬레니즘에, 그리고 기독교 안에서는 프로테스탄티즘보다 가톨릭교에 더 친근감을 느낍니다. 그리고 성경은 그 '반자연주의' 때문에 거리감이 느껴집니다."

"그렇지만 자네는 심정적으로 불의에 분개하고 또 고전에 대한 감각이 있으니까 성경과 별로 거리가 멀지 않을 텐데……."

"그렇습니다만, 단지 불의를 없애기 위해서만이 아니라 지상에서의 행복에 이르기 위해서도 항거해야 하며, 먼 곳에서가 아니라 가까운 곳에서 삶의 지혜를 얻어야 한다고 생각합니다……. 저는 헬레니즘의 정적인 면이 좋고,

그래서 자연스럽게도 그 시대(신플라톤주의4 시대)와 관련된 어떤 것을 학위 논문의 주제로 선택한 것입니다. 저는 늘 그 시대에 흥미를 가지고 있습니다."

대화는 시몬 베유5에 관한 주제로 이어졌다. 나는 그에게 베유의 미발표 유고인 『어느 수도사에게 보낸 편지』를 얼마 전에 읽었는데 거기에서 그녀는 기독교를 철학이 아니라고 비난하는 듯싶다고 말했다. 그리고 그녀에게 감탄하지 않은 것은 아니지만, 그녀는 좀처럼 양립할 수 없는 것들을 양립시키려고 한다고, 그래서 견해가 지나치게 혼합주의적이라고 생각한다고 말했다.

"어쨌든 그녀는 기독교보다 더 넓은 어떤 것을 찾습니다. 그런 것도 모르고 교부들은, 그녀가 가톨릭교도들의 모임에서 플라톤에 관해 한 강연들의 모음에 '기독교 이전의 직관'이라고 부제를 달았을 때처럼, 그녀의 사상을 기독교에 병합시키는 엄연한 잘못을 저질렀습니다. 그런데 그녀에게는 정반대가 진실이었습니다. 기독교는 단지 더 광범위한 진실의 한 곁가지일 뿐입니다."

---

4 로마 시대의 철학 유파. 플라톤 철학의 단순한 부응이 아니고 종교적 신비 사상, 특히 동방의 유대 사상으로부터 영향을 받아 그것들을 절충한 철학적 경향.
5 Simon Weil(1909~1943). 프랑스의 철학자, 작가. 2차 세계 대전 때 레지스탕스에 참여했다.

알베르 카뮈가 시몬 베유를 높이 평가한 것은 그녀가 이상과 일치하는 삶을 끝까지 시도했기 때문이다. 이는 (카뮈의 엄격성과 강인성을 생각하게 하는) 자기 자신에 대한 엄격함과 강인함이다. 카뮈가 베유에게서 멀어진 것은 행복하기를 좋아하지 않는 사람들에게 친근감을 느끼지 못했기 때문이다.

알베르 카뮈는 『페스트』에서 시몬 베유와 의견을 같이한다. 거기에는 과학과 종교가 서로 대립하는 것으로 제시되어 있다. 시몬 베유는 『뿌리 내림』에서 다음과 같이 말한다. "서로 들러붙어 있는 종교 정신과 과학 정신을 기독교도들은 절대로 양립할 수 없다고 여기는데, 이로 인해 그들의 영혼 속에는 막연하고 은밀한 불안이 영속적으로 도사리고 있다."

우리가 종교에 대해 단호하게 이야기했듯이, 이번에는 내가 『반항하는 인간』을 염두에 두고 그에게 이렇게 말했다. "자네는 기독교의 개혁적인 측면을 강조하지는 않더군."

"예, 그렇습니다. 그 측면, 특히 복음서의 개혁적인 측면을 두드러지게 강조하지 못했습니다. 그러나 모든 것에 관해 말할 수는 없었습니다. 다만 한 가지만은 말했어야 했는데…… 기독교파, 특히 유대교에서 저는 예언과 신비, 종말론 등에 공감하지 않습니다. 그러나 복음서의 지혜는 쉽게 이해가 갑니다……. 저는 기독교에서 헬레니즘과 가까운 측면을 좋아합니다."

○

우리는 좀처럼 종교를 주제로 대화하지 않았다. 나는 언제나 그가 종교에 속하는 모든 것에 돌이킬 수 없을 정도로 적대적이지는 않다는 느낌을 받곤 했다. 그의 기본적 입장은 확고했다. 악은 받아들일 수 없다는 것이었다. 전능한 신이 있다면 악은 훨씬 더 수치스러운 것이 될 터였다. 미래의 삶은 그에게 아무런 의미가 없었다. 그에 따르면, 교회는 이 신과 이 미래의 삶이라는 것의 이름으로 현재의 삶을 중독시키고 있었다. 그는 다음과 같은 벨6의 말을 기꺼이 되풀이

---

6 Pierre Bayle(1647~1706). 프랑스의 철학자. 데카르트의 회의 정신을 역사 영역에 도입했다.

했을 것이다. "두 삶은 너무 과하다. 하나의 삶만 필요했다."

그런 데다 이 '대화'의 인간은 위대한 정신의 소유자들처럼 한결같이 독백의 인간이었다. 부득이하다면 대화 형식의 독백이라고 하자. 한마디의 말이라도 그의 마음을 움직일 수 있으려면, 말을 한 사람이 먼저 자신의 전 존재를 걸고 말의 가치를 실천으로 입증하려고 해야 했다. 그러면 그는 찬성과 반대를 숙고했을 것이다. 굴복하지는 않았을 테지만 마음이 흔들리기는 했을 것이다. 내면의 대화가 시작되었을 것이며, 여러 가지 차이를 고려한 결론은 아닐망정 확고한 결론으로는 나아갔을 것이다. 내가 그를 요지부동의 완강한 사람이라고 부르기는 했지만, 그는 무정한 사람이 아니었다. 흔들림 없는 확신에서 생겨나는 어떤 내적인 힘을 대화 상대에게서 느낄 때 마음이 움직이는 사람이었다. 그래서 아무리 친한 친구라도, 카뮈가 그 친구의 말이나 견해에서 적어도 깊이 숙고하도록 만들 수 있는 이러한 확고부동함을 느끼지 못한다면, 매우 중요한 문제들에 관해 그와 함께 깊은 대화를 나눌 수 없었을 것이다. 그리고 그는 통찰력이 매우 예리했다. 어느 날인가는 나에게 이런 말을 했다. "저는 선생님의 말투에서 선생님께서 확신하고 계시는 것과 그렇지 않은 것을 분간할 수 있습니다."

알베르 카뮈는 X 신부의 흔들리지 않는 종교적 신념에 크게 경의를 표했다. 그는 이 신부에 대해 이렇게 말하곤 했다. "그는 가공할 개종 전문가야." 그가 신부에게 당신에 의하면 니체는 틀림없이 지옥에 가 있을 것이라고 말하자, 신부는 활기차게 응수했다. "아이고, 아니지요. 만일 그가 천당에 가 있지 않다면 나는 하나님을 믿지 않을 거요." "X 신부는 결함 때문이 아니라 넘치는 생명력 때문에 신앙을 지니고 있습니다. 보통은 약점 때문에 신자가 되는데 말입니다."7

그러므로 카뮈를 앞에 두고 이 문제에 관해 칼로 자르듯 단호한 어조로 말하기는 쉽지 않다. 카뮈 자신은 내세를 부정했다기보다는 내세에 관해 질문을 던지는 사람이 아니었던가? 이 문제에 관한 한 그는 묘지에서의 햄릿과 흡사했다. 그러나 이 감당할 수 없는 궁극의 현실에 호의적인 눈길을 보내지는 않았다는 점에서는 햄릿과 반대였다. 그

---

7 그는 이 독신 성직자에게 존경을 나타냈다. 이 신부가 구현하는 용기 때문이었다. 나는 심지어 그가, 인간의 본성으로 보아 결혼 제도와 같은 하나의 제도도 성스럽다고 여겨지는 유대에 바탕을 둘 때에만 정당화될 수 있다고 말하는 것을 들은 적도 있다. 실제로 인간을 넘어서고 최초의 의지가 표출된 뒤에도 존속하는 어떤 것에 호소하지 않고 두 존재를 영원히 결합시키는 것은 의미가 없다.(원주)

는 결핵을 앓은 적이 있었기에 온 힘을 다해 건강을 회복하고 싶어 했고, 청소년 시절 몹시 가난했기에 진정한 사치를 향유하고 싶어 했으며, 어쨌든 태양 아래에서 태어난 어린 아이로서 언제나 빛 속에서 살아가기를 원했다.

○

그는 상당히 빈곤했는데도 기후가 가져다주는 행복을 즐길 수 있는 나라에서 어린 시절을 보냈다. 이러한 행복은 산업화된 문명사회에서는 가장 필요한 것일 텐데도 경시되는 경향이 있다. 그는 바닷가를 따라 친구들과 뛰어다니고 여름이면 한가로이 해수욕을 하며 일요일에는 삼촌을 따라 산으로 사냥을 다닐 수 있었다. 나는 이러한 즐거움을 과장하고 싶지 않다. 돈이 없는 사람은 공기와 물, 태양의 혜택을 늘 즐길 수는 없거나 적절한 시기를 이용할 수 없고, 여름에는 더위를, 겨울에는 추위를 피하지 못하며 혹독한 기후에 그대로 노출될 수밖에 없는 상태에서 그와 같은 자연의 혜택을 제때 향유하지 못하게 마련이기 때문이다. 그래도 역시 누구나 어느 정도의 안락을 누릴 권리가 있다. 알베르 카뮈는 이 점을 되풀이해서 말했다. 그는 가난을 겪었지만 다른 나라들에서 사람들이 당하는 그런 불행은 겪지 않았다.

팀가드8의 모자이크에서 나는 이런 글귀를 읽었다. "놀고 사냥하고 멱 감는 것, 이것이 바로 삶이다."

이를 위해서는 기후가 절대적 조건임은 변함없는 사실이거니와, 본토의 프랑스인은 북아프리카의 프랑스인들이 딴생각 없이 열심히 삶을 즐기는 모습을 보고는 깜짝 놀라곤 했다.

○

매우 유식한 어떤 독자들은 견해의 이러한 단순성(세계는 아름답다. 인생을 즐기자.)에 어리둥절해 할 것이다. 그들은 좀 더 멀리 가야 한다고, 독일 사상가들이 도달했다고

---

8 '북아프리카의 폼페이'라고도 불리는 알제리의 유적 도시.

자부하는 그러한 깊이까지 파고들어야 한다고 생각한다. 그들은 그저 햇빛이 주는, 그러나 에우리피데스의 주인공들이 더 이상 누릴 수 없게 되어 쓰라린 마음으로 아쉬워할 만큼 높이 평가한 행복을 맛보지 못한 듯하다. 또는 이 행복을 부끄럽게 여기거나, 나아가 이튿날의 마력에 현혹되어 오늘의 기쁨으로는 만족하지 못한다.

○

자연에 대한 이 매우 소박한 감정에 종교 감정이 뒤따른 것은 아니다. 알베르 카뮈의 주변 환경은 그가 기독교 교육을 받는 데 유리하게 작용할 수 없었다. 그의 폭군적인 할머니는 그의 기독교 교육을 반대하여 교리 교육으로 보내는 시간을 쓸데없는 허송세월이라고 생각했다. 게다가 그를 가르치는 담당 사제와의 오해도 한몫을 했다. 한 가지를 덧붙이자면, 그의 가족은 종교 문제에 관심이 없었으며, 그러한 문제에 대해서는 입을 다물었다. 더군다나 운동에,

나중에는 연극에, 다시 말해 삶이 피어나는 모든 영역에 마음을 빼앗긴 젊은이를 종교 쪽으로 끌어당길 수 있는 것은 하나도 없었다. 지중해 연안의 종교에서는 그 이교적 외양에도 불구하고, 나중에 결합될지는 모르지만 하늘과 땅이 부활과 대립되어 있었다.

○

이것이 출발점에서 말해야 할 본질인 듯싶다. 이를테면 이것은 카뮈를 공정하게 평가하기 위해 배음(倍音)들이 덧붙을 기본음인 셈이다. 그러나 이 기본음에 배음들을 덧붙이는 것은 내가 사상과 작품에 대해 주석을 달면서 따른 지침에서 벗어나는 작업이 될 것이다.
카뮈의 작품을 이해하기 위한 열쇠는 두 가지다. 모비 딕[9] 신화와 시몬 베유의 사상이 그것이다. 엄밀하게 말해서, 작품 자체가 매우 분명한 의미를 지니고 있다면,[10] 작품을 꿰뚫어 보게 열쇠를 내밀고 있다면, 우리는 열쇠를 거

---
9 1851년에 간행된 허먼 멜빌(Herman Melville, 1819~1891)의 소설 『모비 딕』에 나오는 흰 고래.
10 최소한 작품에 진술된 것은 그렇다고 볼 수 있다.(원주)

부할 자격이 없을 것이다. 그가 멜빌과 시몬 베유에 대해 품은 경탄에는 신비와 성스러움에 대한 감정이 두드러지게 나타나 있다. 그렇다고 해서 반항 감정이 포기를 함축하는 것은 아니다.

    알베르 카뮈는 회피하지 않았다. 반항이 비록 헛되다 할지라도, 그에게 '해명'이 제시되지 않는 한, 반항은 그에게 고결하며 필요한 것으로 보였다.

    그러나 악에 대해서는 태도를 바꾸었다. 그는 '살인에의 고착'(그가 하곤 했던 표현)과 그의 칼리굴라를 활기차게 한 그 내적 맹렬함을 간직하고 있었다. 그러면서도 1947년 8월부터는, 내게 말한 대로, 절대적인 부정이 아니라 '보통의 가치'를, 그렇지만 반항이 여전히 도덕의 토대인 상태에서 추구하기 시작했다. 만일 페스트와 같은 재앙이 닥친다면 사람들은 일치단결하여 그것에 항거해야 한다. 어떤 방법으로 항거할 것인가, 문제는 여기에 있었다.

    나는 알베르 카뮈의 위대함이 이런 대목에서 가장 잘 드러났다고 생각한다.

그렇지만 그는 가치의 실재에는 어떤 절대가 전제되어 있다는 것을 마음속으로 인정했다. 그러나 이 절대가 무엇일지는 검토해 보지 않았다.

○

알베르 카뮈는 자기 자신을 위해서뿐만 아니라 모든 사람을 위해 '구원'을, 그리고 '행복'보다 훨씬 더한 것을 구하고 있었다. 따라서 이 구원은 문자 그대로 인간적인 성격을 갖는다. 그러나 이 구원은 본질적으로 세속적인 것이다. 여기에서 이 구원의 글자 그대로 인간적인 성격이 생겨난다. 그가 생각하는 구원이란 구세주의 역사(役事)가 아니라,11 하나의 '처방', 이를 사람들에게 전달하고 본보기를 들어 가르치다가 이번에는 ('신앙'을 갖지 않고도) 스스로, 다시 말해 하나의 육화된 본보기가 다른 사람들을 본보기가 되게끔 이끌어 주는 식으로, '성인(聖人)'이 되는 어떤 사람의 활동이다.

11 신앙에만 행복이 있다고 생각하는 비방자들로부터 수피교도 시인 하피스를 옹호하는 괴테의 말, "독신자(篤信者)이지 않고도 행복한 그대여!" 참조.(원주)

9

알베르 카뮈의 작품은 언제나 논평을 불러일으켰다. 카뮈는 논평에 대해 상당히 무관심했지만1 논평이 괴상망측하다고 생각할 때조차 평자들을 막지는 않았다. 심지어는 현학적인 이론과의 야릇한 접목을 좋아하기도 했다. 그가 쓴 모든 작품에서 정신 분석상의 상징을 확인하려고 고심한 주석자가 한 명 있었다.(카뮈의 글들에서 '바다(mer)'라는 낱말은 실제로 어머니(mère), 마리(Marie), 마르트(Marthe), 죽음(mort) 등을 내포한다.) 카뮈는 이러한 주석 작업에 편을 들지도 기분 나빠 하지도 않았다.

반대로 자신의 재능을 대상으로 늘어놓는 모순된 판단에 대해서는 짜증스럽다는 반응을 보였다. "어떤 때는 내가 평론집을 내면 나에 대해 연극을 위해 태어났다고 하고, 또 어떤 때는 내가 소설을 한 권 발표하면 평론을 위해 태어났다고 말하는 등 그들의 판단은 정말 종잡기 어렵다."

그는 다음과 같이 덧붙여 말했다. "글을 쓰기 위해서는 얼마나 많은 고통을 치러야 하는가! 적어도 화가는 소재를 '붙잡게' 되면 그 소재에 곧장 다가갈 수 있고, 자기 정신

---

1 뚜렷한 특징은 그가 《라르귀스》를 구독하지 않았다는 사실이다. (원주)

속에 있는 것을 재빨리 현실화할 수 있는데……."

나는 그가 편지를 하나도 소홀히 하지 않는 것에 놀랐다. 그는 자신에게 온 대부분의 편지에, 특히 비탄에 빠진 사람들이 보낸 편지에 몸소 답장을 썼다. 유명한 사람에게 편지를 보내는 사람이라고 해서 언제나 유명한 사람이 만나 볼 만한 사람인 것은 아니라는 것을 카뮈도 경험으로 충분히 깨달았을 것이다. 그러나 이 통칙은 단 하나의 경우만으로도 충분히 의심스러운 것이 될 수 있었으며, 그 또한 예외를 무시하는 사람이 아니었다. 그가 기획한 총서의 제목 '희망'(현세에서 사람의 의지에 거는 희망이지, 내세에서 인간의 운명에 거는 희망이 아니다.)이 이 점을 잘 말해 주고 있다. 그의 비관주의는 용기를 불러일으키는 요소 중 하나였으며 그의 조심성은 관용을 갖게 해 주는 것이었다.

정말로 그는 전혀 사심이 없었다. 때로는 자신의 초연함을 나타내기 위해 짐짓 꾸미는 태도를 보이는 듯했다. 예컨대 그는 결코 자신의 자동차 문을 잠그지 않았다. 한 측근에게 이렇게 말했다. "나는 경계하는 걸 좋아하지 않아요." 그러고는 "게다가 만약 누가 무언가 훔쳐 간다면 그게 꼭 필요하기 때문이겠죠." 하고 덧붙여 말했다. 이는 어느 시대에나 사실인 것은 아니었으나, 해방 이후에만은 너무나도 명백한 사실이었다. 이런 말에서 그의 성격이 드러난다. 당연하게도 그는 이렇게 말하는 데 부끄러워하지 않았다. 빈틈없는 사람으로 통하기보다는 잘 속아 넘어가는 사람으로 통하는 것을 언제나 더 좋아했기 때문이다.

그의 마음 깊은 곳에는 완수해야 할 과업에 대한 유별난 생각이 자리 잡고 있었다. 일부러 이러한 과업에 대해 말하지는 않았지만 일에 대해 걱정하는 모습이 겉으로 드러났다. 그래서 그는 정의와 진실을 위해 열정을 불태우는 진지한 사람으로 여겨졌다.(이것은 사실이었다.) 그러나 또한 이 바람에 쾌락을 적대시하는 현학적인 사람, 영적 지도자로 여겨지기도 했다.(이것은 사실이 아니다.) 그의 말과 글은 이 깊은 감정으로 인해 상당한 무게를 갖게 되었다.

그를 개인적으로 만나 보지 못한 사람들은 이 무형의 존재감에 훨씬 더 민감하다. 이 '존재감'은 그의 자기표현

방식에 의해 곧장 드러났다. 그가 '명예'나 '위대함'이라는 낱말을 입 밖에 내더라도 이 낱말들은 '존재감' 덕분에 공허하게 들리지 않았다. 과장된 말투는 언어의 기품과 마찬가지로 고양된 감정을 표현한다. 진정한 것과 꾸며 댄 것은 틀림없이 문체 자체에 의해 첫눈에 구별할 수 있을 것이다. 그것은 마치 목수가 벽을 두드려 보아 속이 차서 충실하게 울리는 부분과 텅 비어 공허하게 울리는 부분을 구별하는 것과 같다. 더군다나 말에 대해 판단하기 위해 행위를 기다릴 필요는 없다. 상태가 어떠한지 알아보기 위해 목수가 벽을 부술 필요는 없는 것처럼.

알베르 카뮈는 그의 혈통 때문에 적어도 프랑스 못지않게 스페인에 가까웠고 그의 언어는 카스티야어[2]의 약동감을 풍겼다. 다른 사람에게는 허풍이었을 것도 그에게는, 르 시드[3]가 코르네유에게 과장된 것이 아니었듯이, 과장된 것으로 보이지 않았다.

게다가 작가의 관점도 고려해야 한다. 알베르 카뮈의 관점은 연극적이었다. 예술가라면 당연히 그렇듯이 그도

---

2 스페인 중부 고원 지대의 언어.
3 Le Cid. 스페인어로 수령을 뜻하는 말. 코르네유의 희곡 「르 시드」의 주인공 돈 로드리고를 가리킨다.(원주)

나타날 효과를 염두에 두고 모든 것을 조절했다. 예술가의 목소리가 도달하고 예술가의 몸짓이 의미를 지니려면 작품이 보고 듣는 사람을 지향해야 하기 때문이다. 더군다나 그는 최대의 효과를 내는 최소의 수단을 선택해 이용했다.4

정의를 내리고 명확히 설명하려는 노력으로 보아, 그는 그리스인들의 충실한 제자였다. 이러한 노력에서 정확성이 생겨났다. 이 정확성 덕분에, 그는 (언제나 소심한) 프랑스적 취향 때문에 범하게 되었을 잘못을 정정할 수 있었다. 그렇지만 그가 발휘한 영감의 생생한 원천은 바로 이 스페인적 기질이었다. 그래서 그는 (셰익스피어와 「황금 머리」5를 좋아하면서도) 장르들의 혼합에 적대적이었다. "나는 다른 목적이 있어서가 아니라 바로 장르들의 혼합을 피하기 위해 서로 다른 차원에서 글을 쓰고 있다."6 이는 그가 생활 속에서도 실천한 것이다. 그가 사귀는 사람들은 범주가 매우 다양했으며 서로를 몰랐다. 그는 '순리'대로 그들에게 자신을 드러내 보였다. 사무실을 방문하려는 사람들은 가능한 한 피하려고 했다. 시간을 빼앗길 것이 분명하다

---

4 출판된 그의 어느 수첩에는 다음과 같은 말이 적혀 있다. "작가가 배워야 할 첫 번째 것은 자기가 느끼는 것을 자기가 느끼게 만들고 싶어 하는 것으로 옮겨 놓는 기술이다."
5 폴 클로델의 1890년 작으로 삼막극으로 구성되어 있다.
6 그는 이것을 『적지와 왕국』에 포함된 중편 소설들을 통해 시도한다. 거기에서는 각 중편 소설이 별개의 문체로 쓰였으며 때로는 해

는 것을 잘 알고 있었기 때문이다.7 그러나 그들이 고집을 피우면 결국 손을 들고 말았다. 그를 만나 보기 위해 세계의 다른 쪽 끝에서 온 사람이라도 '공인'이 사용할 수 있는 온갖 지연 작전(비서에게 대답하게 하기, 면회 사절하기, 비밀 출구 또는 아무도 모르게 거처 마련하기)에 의해 매정하게 면회를 거절당하거나 아침부터 저녁까지 그의 집 앞에서 서성거린 연후에야, 다행히 드물긴 하지만, '그를 지치게 해서 면담할' 기회를 얻었다. 그리고 카뮈조차 이러한 끈기에는 마음이 움직였고 거기에서 단지 찬사의 표시뿐만 아니라 애정의 증거를 읽어 냈을지도 모른다. 다른 관점에서 보더라도 이는 있을 수 있는 일이었다. 유명세로 치러야 하는 불편은 정치가나 외교관의 경우와 다를 바 없다. 친구를 선택할 수도 없으며 사귀고 싶은 사람을 사귈 수조차 없다. 사람들로부터 선택을 받고 그들의 포로가 된다.

독을 위한 하나의 실마리를 요구한다. 예컨대「말 없는 사람들」은 해독 작업을 필요로 하는「배교자 혹은 혼미해진 정신」을 비롯한 다른 중편 소설들과는 다른 듯하다.(원주)
7 그리고 이 점에서 그는 몽테를랑(Henry Millon de Montherlant, 1896~1972)의『일기』를 '응징의 책'으로 여겼다. 거기에서 몽테를랑은 방문과 편지에 시달리는 작가의 지겨운 고통에 대해 말하고 있다.(원주)

○

　다행히 알베르 카뮈는 마음 내키는 대로 살 수 있는 은거 구역을 확보해 둘 줄 알았다. 내가 생각하기에 그에게는 요양원에서 생활한 흔적이 뚜렷이 남아 있었으며 어느 정도 비정상적인 이 생활 덕분에 세상에서 멀리 떨어져 살아가는 생활이 그에게는 정상적인 것이 되었다.
　전혀 평탄하지 않은 삶……. 이것이 바로 그의 삶이었다. 우선 그는 거의 태어나자마자 아버지를 잃는다. 그러고는 가난한 어린 시절을 보낸다. 청소년기에 접어들기가 무섭게 병에 걸리고, 이 병으로 인해 여행의 꿈과 미래의 꿈을 실현하기가 어려워진다. 어느 날 화물선을 타고 튀니지로 떠났다가 어쩔 수 없이 부지8에서 내려 가능한 한 빨리 치료받기 위해 알제로 되돌아가야 했다. 신체검사 결과가 좋지 않게 나와서 교수 자격 시험에 응시할 자격을 상실한다. 그의 인생길은 공부를 중단하고 심지어 어떤 일도 하지 못하게 된 시기들로 점철되어 있다. 이 시기들은 그의 인생

---

8 알제에서 동쪽으로 220킬로미터 떨어진 항구 도시. 바자이아라고도 한다.

길 위에 검은 석비처럼 늘어서 있다. 그리고 갑자기 휘몰아치는 이 위기들은 불시에 찾아오고 그런 만큼 더욱더 의욕을 꺾어 버린다.

    이상한 것은 그가 겉보기에는 전혀 병자 같지 않았다는 점이다. 그는 키가 컸고 어깨가 넓었다. 내가 그를 알게 된 무렵에는 운동선수로 나설 듯했다. 그는 공을 몹시 좋아했다. 그의 나이 때에는 자연스러운 일이었다. 그리고 언제나 삶에 대한 열정을 지니고 있었다. 갑자기 그는 꼼짝없이 누워 있어야 했으며, 조심해야 했을 뿐 아니라 시골이나 고지대에서 요양하지 않을 수 없었다. 건강이 좋아졌다가 다시 나빠지는 일이 되풀이되었다. 그는 병의 심연에 빠져 하마터면 침몰할 뻔했던 만큼이나 재빨리 다시 수면 위로 솟아올랐다. 그만큼 그의 생명력은 강했다.

    많은 환자들이 그렇듯이 그도 웬만하면 병에 만족하고 안주할 수 있었을지도 모른다. 그런데 그의 마음속에는 경솔한 짓을 저지를 위험을 무릅쓰고서라도 낫고 싶다는 깊은 욕망이 자리 잡고 있었다. 청소년기에 병이 그에게 가져다준 유일한 이점은, 책상에 앉아 공부할 시간을 면제해 주어 때때로 자기 자신을 위해 일할 수 있었다는 점이다. 이 점에서 병은 별장 생활을 마련해 준다고 그는 말했다.

병 덕분에 그는 또한 기성의 견해를 받아들이려 하지 않고 다른 이들이 걸어간 길을 그대로 따라가려고 하지 않는 사람, 세네카의 말에 의하면 스스로 자제하고 자기 자신에게 책임을 지우는 사람, 자신의 상처에서 자신의 사상이 솟아나도록 하는 사람에게 필수 불가결한 칩거의 기회를 얻었다. 생각건대 그는 왜 사는지도 어떻게 살아야 하는지도 모르는, 산다는 것에 대한 의식도 없는 그런 사람들의 무리에서 빠져나와 있었다. 파스칼과 니체의 위대함, 그들의 사상적 힘은 그들이 어두운 불안의 세계에서 그토록 오래 머물러 있었다는 사실에 힘입고 있다. 그들이 우리를, 현실의 절반밖에는 알지 못하는 우리를 동요시키는 것은 낯선 고장에 그토록 오랫동안 거주했기 때문이다.

알베르 카뮈는 디노 부차티[9]의 희곡 「흥미로운 증례」[10]를 번역해서 연출했다. 그는 더 강한 활력을 주기 위해 작

---

9   Dino Buzzati(1906~1972). 이탈리아의 소설가.
10 이탈리아어로는 「임상 증례」다. 이것은 앞에서 이미 거론되었다.
    (원주)

품의 길이를 줄였다. 이 희곡은 우리가 알고 있는 그러한 세계의 이면을 드러내 보여 준다. 환자들이 병원 창문을 통해 건강한 사람들이 부산하게 움직이는 것을 물끄러미 바라보고 있다. 환자들에게는 이들이 낯설게 보인다. 두 진영 사이에 넘을 수 없는 장벽이 솟아오른다. 그리고 각 진영에서는 다른 진영에 대한 전적인 이해 불가능성이 지배하고 있다. 알베르 카뮈는 『마의 산』[11]의 요양소 거주자들이 경험하는 그 야릇한 느낌을, 똑같은 병에 걸린 이들이 서로 하나가 되도록 만드는 그 연대감(이것 때문에 그는 요양소에서 오는 편지라면 일일이 몸소 답장을 썼다.)과 함께 자주 맛보게 되어 있었다. 이번에는 고독한 위인의 비장미가 아니다. 그렇지만 여전히 전우(戰友)의 비장미다. 알베르 카뮈는 이 두 가지 비장미 모두를 몸소 겪어서 알고 있었다.

   어느 날 그는 이렇게 말했다. "나에게 병의 성향이 있는 것은 아니다. 다만 병을 이용할 뿐이다. 하지만 선용(善用)한 것은 아니다……. 나는 간신히 초조함을 억누른다. 마지못해 일을 한다……. 게다가 또 병이 도져 적어도 균형이

---

11 토마스 만(Thomas Mann, 1875~1955)의 대표작.

잡혔다고 생각한 그 부정의 힘을 다시 일깨운다……."

그 부정의 힘이란 무엇인가? 반항을 부추기고 기르는 모든 힘이다. 그렇다면 균형은? 그 힘을 더 높은 목적에 활용할 수 있는 상태다.

○

또 한편으로 그는 사회생활에서 활달한 태도를 보였으며, 그 덕에 자기 자신 속으로 피신할 수 있었다. 그는 다른 사람들을 대할 때 그들 각자에게 적합한 태도를 취했다. 그를 모르는 사람이면 의례적이라고 여길 만큼 자연스럽게 사람들을 집으로 맞이해서, 자기 집에 있는 것처럼 편안하게 해 주는 것을 나는 여러 차례 보았다. 그는 내면의 감정을 새삼스럽게 드러낼 필요가 없었다. 왜냐하면 내면의 감정을 아주 침착하고 냉정하게 결정적으로 이미 구체화해 놓았기 때문이다. 그래서 어떤 때에는 카뮈와 대면하면 변모를 겪는다는 느낌을 받곤 했다. 그러나 이와 같은 경우는 매우 드

물다는 것을 이야기해야겠다. 통상 그와의 대화는 즐겁고 익살과 재치가 넘치는 것이었다. 그의 조형적 소질은 창작에서와 마찬가지로 생활 속에서도 뚜렷이 나타났다.

심한 고독이 그를 떠나지 않고 있었다. 그러나 극단을 이끌어 가는 연극인으로서 생활하던 파리에서 저녁에는 고독의 무게에 짓눌리지 않았다. 거기서는 낮일을 끝낸 뒤 자기 앞에 펼쳐지는 밤의 공간 속에서 한가롭게 자신의 환상에 따라 돌아다니는 이들이 맛보는 그 강렬한 삶을 살아갔다. 나는 지금 그의 파리 생활을 이야기하고 있다.(알제리에서는 작위적인 것이 자연적인 것과 결합되어 있었고 극장에서 보낸 저녁 나절과 오후의 해수욕 사이에 단절이 생기지 않았다.)

이와 같은 생활을 영위하는 사람이라면 누구에게나 일어나는 일이지만, 그는 다른 누구보다 훨씬 더 강렬하게, 때때로 비밀스러운 꿈을 키우고 있었다. 그것은 미지의 그만 도시에서 방으로 식사를 날라다 주는 호텔에 살고 싶다는 것이었다. 이것은 그의 중편 소설 「요나」에 묘사된 삶으로서, 사회생활과 상당 부분 양립할 수 없었다. 그래서 그는 친척과 친구를 만족시키려 하면서도 이 고독을 어떻게든 지키고 싶어 했다. 고독은 괴로움의 한 원인이지만 동시에 창작하는 이에게는 불가결한 것이기 때문이다.

이 실마리가 없다면 그의 상당 부분은 여전히 수수께끼로 남아 있을 것이다.

그는 무엇보다도 자유롭기를 열망했다. 그는 자유를 목말라했다. 선물을 받는 것은 선물을 받기로 한 사람에게서 이 자유의 일부분을 떼어 내는 것이다. 그렇기 때문에 그는 선물을 주는 사람의 기분을 상하게 하지 않으려고 노력하면서 선물을 거절하게 된 것이다. 사람들이 자신에게 줄 수 있는 선물은 아무리 사소한 것이라도 자신을 속박할 거라고 상상할 수 있었기 때문이다. 이것은 일반적인 규칙이 아니었다. 오히려 그가 자기 자신에게 부과한 행동 지침이었다. 이 행동 지침은 그의 성격 전체와 부합했다. 그는 자신의 행동에 대해 누구에게도 변명하지 않았다. 이것 역시 일반화해서는 안 될 것이다. 왜냐하면 몇몇 위기 상황에서 행동하고 난 '뒤에' 자신이 정당함을 내세우려 하지는 않았다고 해도, '사전에' 조언을 구하는 일은 있었기 때문이다. 어쨌든 사람이라면 살아가면서 맺게 되는 관계, 하게 되어 있는 약속, 참석해야 하는 행사, 사람을 맞아들이거나 또는 찾아가야 하는 일, 작업상의 회합, 사생활과 관계된 쓸데없는 일상적 의무를 그는 잘 견뎌 내지 못했다. 카뮈는 이러한 감정을 새삼스레 강조할 필요도 없을 만큼 충분히 표현해 왔다.

○

그러나 그의 작품이 지닌 특성들 가운데 하나는 모든 독자를 감동시킨다는 것이다. 이것은 흔하지 않은 장점이다. 다수의 사람에게 감동을 준다는 것은 빅토르 위고나 발자크 같은 대중 작가에게나 있을 수 있는 일이다. 그러나 그들의 문체는 엉성하다. 대중적이면서도 동시에 세련된 예술가를 찾으려면 러시아 쪽으로 가야 하지 않을까? 예컨대 톨스토이가 그런 예술가이지 않을까?

나는 알베르 카뮈의 목소리가 왜 '폐부를 찌르는지' 잘 알고 있다. 그는 숨김도 암시도 없다. '방백으로'도 '어중간한 목소리로'도 말하지 않는다. 무엇보다 이것이 첫 번째 이유다. 그는 말해야 할 것을 직접적으로 말한다. 술책이 없다. 몇 사람밖에 좋아해 주지 않는다고 불평하는 한 작가에 대해 그는 다음과 같이 말했다. "놀랄 만한 일이 아니다. 그는 첫 문장에서 꺼낸 말을 두 번째 문장에서 철회한다."

다음으로 그는 자기 자신의 전부를 걸고 말한다. 말을 하는 것은 그의 일부분이 아니다. 그는 타인에게 나는 이것이고 당신은 저것이라는 식으로 말하지 않는다. 인간 대 인간으로 그들에게 말한다. 그들의 가장 깊은 욕구, 그들의 가장 완전한 욕망을 표현한다.

따라서 자신의 생각을 끝까지 밀어붙이는 방식으로 말미암아 그는 모든 이가 경청하는 작가의 반열에 오르게 되었다. 더군다나 자기 자신의 초상을 그리려 하기보다 '자기 자신의' 진실이 아닌, 고전주의 작가들처럼 모든 이에게 타당한 진실을 표현하려고 애썼기 때문에 그만큼 더 광범위하게 읽히게 된 것이다. 아마 이 이중의 성격, 이를테면 절대를 지향하는 표현과 이해 방식에 힘입어, 그는 본의 아니게 예언자로 여겨졌을 것이며 그의 책은 성경의 구절처럼 읽히게 되었을 것이다.

그런데 알베르 카뮈는 일찍이 어떤 '사명'의 실재를 믿었다. 그의 이러한 '견해'는 특별한 성격을 띠었다. 말하자면 글과 말을 비롯한 일체의 모든 '표현'은 교양적 지식이 그에게 일종의 계시였던 만큼 더욱더 중요한 것이었다. 말 없는 어머니, 쉽사리 마음을 터놓지 않는 귀머거리 삼촌, 일상의 살림살이 걱정만을 입에 담는 할머니를 둔, 그다지 안락하지 못한 환경(이 환경의 답답함은 실제 이상으로 과장되어 왔다.)에서 살아온 그는 책을 통해 알게 된 삶의 찬란한 빛에 우선 놀라고 눈이 부실 수밖에 없었다. 그런 만큼 때때로 들른 서민 도서관, 초등학교, 중고등학교, 대학교는 그에게 마법의 세계를 열어 주었다.

마법의 세계? 아니다, 이 말은 정확하지 않다. 오히려 약속의 땅 또는 나아가 인류에게 부과된 조건에 관한 인류 전체의 성찰이 마침내 드러나는 곳이라고 말해야 한다. 수없이 많은 사람들이 이 과업에 참여해 왔으나 이 과업은 결코 끝나지 않았다. 그러므로 그들의 경험을 이용할 수 있었고, 그들의 감정이 우리의 감정과 유사하다는 것을 알아차리거나 왜 그들의 견해가 서로 다른지 자문할 수 있었다. 요컨대 혼자가 아니라는 느낌이 생긴 것이다. 정신의 연대에 비하면 육체의 연대는 아무것도 아니기 때문이다. 이러한 계시는 또한 부름이기도 했다. 도서관과 박물관, 연주회, 연극을 찾아 빈번히 드나들게 되었고, 이에 힘입어 작품을 창작하고 다른 작업에 덧붙여지는 단순한 작업이 아닌 어떤 일을 하기에 이르렀다. 거기에는 미슐레의 말처럼 '인류의 성경'이 있었다.

그러니까 어린 시절에 이른바 교양 있는 환경에서 자라지 못한 사람, 주위에서 책 읽는 것을 보지 못한 사람의 경우, 오늘날 교양이라 불리는 것에 대한 존중, 아니 오히려 숭배라고 해야 할 어떤 태도가 더 강렬해지고, 따라서 한없이 더 중요한 결과를 초래할 수 있는 법이다. 이런 사람은 다른 사람들과는 대조적으로 정신의 소산을 좀처럼 매춘의 대상으로 취급하지 않는다. 게다가 순전히 변덕 때문에 한 작가에서 다른 작가로 옮겨 가는 일도 없을뿐더러, 박학하다고 인정받고 싶어서 정신의 소산을 꼬리표에 따라 분류하고 진열대에 늘어놓지도 않는다.

문단에 지나치게 자주 드나들거나 학위 사냥을 하다 보면 애호가에 그치거나 책벌레가 되기 십상이다. 이 두 가지 위험을 피할 수 있다면, 교양적 지식에서 비길 데 없이 훌륭한 수단을 찾아내 그것을 통해 자기 자신은 물론 타인들을 열광케 할 수 있다.

이러한 사고방식은 언어 활동에서의 엄격주의를 불러들였다. 그리하여 다른 영역에 온갖 종류의 다른 엄격주의가 있으리라고 믿게 했다. 나처럼 인간의 언어와 심지어는 인간의 사유에 상대적인 중요성밖에 부여하지 않는 사람들은 이러한 사고방식을 잘 이해할 수 없었다. 왜냐하면 그들은 다른 것에 대단히 큰 중요성을 부여했기 때문이다.

결국 카뮈 같은 사람이 내보이는 복합적인 성격에서 통일성을 도출하기란 정말 어려운 듯싶다. 예언자? 아니다, 그는 예언자이기를 원하지 않았고 예언자의 소명을 받았다는 느낌도 없었다. 사명을 지닌 자? 그렇다, 그러나 거의 본의 아니게 그는 인간이 견뎌 낼 수 있는 고통과 고독을 철저하게 체험했다. 그런 탓에, 어떤 깊은 층위에서는 '타인들'이 자기 자신이라는 느낌, 그리고 자기 자신이 타인들과 다른 것은 오직 무자비한 명석함의 측면뿐이라는 느낌을 떨쳐 버릴 수 없었다. 그는 머리가 명석하다는 점에 대해 죄책감 같은 것을 느꼈고 가슴속에 연민의 감정을 품게 되었다. 오늘날 연민이라는 이 낱말은 정말 진부하다. 그러나 이 낱말을 본래의 어원적인 의미[12]로 사용한다면, 나는 이보다 더 정확한 표현은 찾아내지 못할 것이다.

따라서 카뮈는 정신을 납득시킬 수 있었을 뿐만 아니라 마음을 승복시킬 수도 있었다. 그가 인간의 본성을 통찰함으로써 얻게 된 이러한 힘은 많은 위대한 정신의 소유자들에게 결여되어 있는 어떤 것, 은총이라고밖에는 달리 부

---

12 commisération. 함께 수난을 당하다, 또는 공동 수난이라는 의미다.

를 길 없는 무언가를 수반하고 있었다. 그렇다, 그로 하여금 회중(會衆)을 압도하게 하고 동료들에 대한 이론의 여지 없는 정신적 영향력을 그에게 부여한 것은 일종의 은총이었다. 그는 품위 있는 예절, 활달한 행동거지, 무사태평과 활력이 혼합된 태도, 이 모든 것에 힘입어 바라지 않았는데도 인정받게 된 것이다. 그는 모습을 보이기만 해도 우두머리가 되었다. 말할 나위 없이 우두머리가 되려고 안달한 것은 아니었다. 매사가 그러했다.

10

카뮈를
추억하며

알베르 카뮈에 대해 이야기하기 위해서는 우선 알제리에 대해 이야기해야 한다. 그의 나라를 통해 '그를 설명하기' 위해서가 아니라, 오직 그런 방법을 통해서만 그의 성격이 갖는 특성들을 비로소 이해할 수 있기 때문이다.

내가 알제에 도착해서 주민들과 접촉하기도 전에 가장 먼저 내 눈에 띈 인상적인 사실은 주민들이 활기가 넘친다는 것이었다. 알제리에 관해 그토록 자주 인용되는 알피에리1의 말, 곧 "인간이라는 식물은 다른 어떤 곳보다도 이곳에서 무성하게 자라난다."라는 말이 역시 옳았구나 하는 생각을 했다.

그렇다, 나는 알제에서 실로 이러한 인상을 받았다. 내가 발견한 이 나라에 비하면, 프랑스는 물론 모든 것이 고급스럽지만 맥이 풀린 듯싶었다. 프랑스는 접목이 필요했다. 프랑스에 접목할 수 있을 만한 것은 풍요로운 풍토, 즉 혼혈이었다.2 내가 익히 알고 있는바, 예전에 '뜨거운' 나라라고 불린 곳에서 돌아오면 유럽의 모든 것은 초라하다고 생각하게 된다. 알제리는 유럽과 동떨어져 있지 않았다. 그

---

1 비토리오 알피에리(Vittorio Conte Alfieri, 1749~1803). 이탈리아의 비극 작가.

2 그런데 알제리에서는 아랍 혈통과의 혼혈이 발생하지 않았다. 왜냐하면 혼혈 결혼을 하지 않았기 때문이다. 이것이 내게는 놀랄 만한 점이었다. 카뮈에게도 마찬가지였지만, 좀 뒤늦은 감이 있었다. 어느 날(알제리 전쟁이 벌어지고 있는 동안이었다.) 나는 그의 책상

렇지만 삶의 분위기는 유럽과 전혀 달랐다.

나는 종종 알베르 카뮈가 본국의 정신적 빈곤에 대해 통렬히 비난하는 것을 들었다. 소인배의 계산! 보잘것없는 야심! 아량의 결여, 모든 경우에 드러나는 인색함! 만일 그가 다른 시대에 태어났다면, 그는 창문을 열고 전대 속에 든 것을 가난한 사람들에게 뿌려 주었을 것이다. 이것은 엄밀하게 말해서 알제리적이라기보다는 스페인적인 측면이다. 이 두 가지 측면은 화해 불가능한 것이 아니라 오히려 그 반대였다.

혈통에 기인하는 이 너그러움은 사실 두 가지 양상으로 나타난다. 하나는 듣는 사람에게 신뢰를 고취할 뿐만 아니라 그에게 충격을 줄 수도 있는 대단히 거친 익살이고, 다른 하나는 고결한 성품, 넉넉한 감정이다. 알베르 카뮈는 이 후자의 양상에 대해 매우 민감하게 반응했다. 예컨대 「간부」에는 이 문젯거리 민족의 일부를 이룬 작은 가게의 유럽인보다 사막의 주민이 훨씬 더 고결하게 그려져 있다.

그러나 사실 이 대결 관계에는 엄밀한 의미에서의 국

위에서 혼혈 결혼에 관한 통계표를 보았다. 그때 그는 상호 공존 문제를 연구하고 있었다. 그는 상호 공존의 확고한 지지자였다.(원주)

적이 원인으로 전혀 작용하지 않았다. 중요한 것은 자질이었다. 풍경에 대해서도 숭고함이라는 똑같은 기준이 적용되었다.

알베르 카뮈는 나이를 먹어 갈수록, 통상적으로 그렇듯이, 더욱더 자기 자신의 뿌리를 생각하게 되었다. 그는 과거의 흔적을 찾아 나섰다. 그리하여 마침내 찾아냈으나, 찾아내지 않은 것이나 마찬가지였다. 그것은 역사적인 과거와는 아무런 관련이 없는 개인적인 과거였기 때문이다. 그가 태어난 집안과 나라는 자연 발생으로 생겨난 듯했다. 여기에서 애매모호성이 생겨난다.

『최초의 인간』에서 '최초의 인간'은 필시 미개한 원시인일 것이다. 그러나 또한 무엇보다 자연이 준 원초적 힘을 소유하고 있는 때 묻지 않은 인간이다. 그 '인간'은 가장 큰 선(善)에서 아마 가장 커다란 악까지 모든 것을 실현할 수 있는 인간일 것이다. 어쨌든 평범한 구석이 전혀 없는 인간이다.

고향에 대한 알베르 카뮈의 애착은 절대적이었다. 나

에 대한 그의 우정이 싹튼 이유의 하나는 나 역시 알제리를 사랑하고 있다는 사실이었다. 그는 조국이 아닌 다른 나라를 사랑하고 다른 정신 상태를 이해하며 새로운 풍토에 적응할 수 있는 사람의 예로 나를 거명하곤 했다.

○

알베르 카뮈는 아랍인들이 부당한 대우를 받고 있다고 느낀 최초의 사람들 가운데 하나였다. 그가 모든 아랍인은 선하고 모든 프랑스인은 나쁘다고 보았기 때문이 아니다. 조급증이 상례였던(나중에는 정반대의 상황이 대두된다.) 시대에 이처럼 판단을 유보한 것에 대해 그에게 크게 감사해야 한다.

나는 내가 훨씬 나중에 던진 질문에 대한 카뮈의 대답을 기억하고 있다. "왜 자네는 알제리의 시골이나 바닷가에 멋진 집을 마련해서 살려고 하지 않는가? 이제는 마음에 드는 주택을 구입할 수 있고 또 고향에 그토록 애착을 느끼고 있으면서." 그는 어색해 하면서 내게 대답했다. "그곳엔 아랍인들이 살거든요." 이는 아랍인들이 살고 있어서 불편하다는 뜻이 아니라, 그저 그들이 헐벗은 상태로 살아왔다는 사실에 마음이 아프다는 뜻이었다. 그 헐벗음의 본질이나 한계는 차후의 문제였다. 여기에서 그의 세심한 마음씨를 잘 이해할 수 있다. 그의 세심한 마음씨가 어느 쪽으로부터도 제대로 평가받지 못한 것은 정말 유감스러운 일이다.

여기에서 나는 과거가 요약되어 있는 대화를 소개하는 것으로 그치겠다.

○

"원주민과 식민자 사이에 자네 같은, 자네 세대의 사람들이 남아 있지 않다니 유감이네. 그들이라면 존속 가능성이 있는 알제리를 세우는 데 이바지할 수 있었을 텐데 말이야……."

"문전박대만 당하지 않았더라면 저는 알제리에 남아

있었을 겁니다.《알제 레퓌블리켕》의 발행이 금지되었습니다. 저는 나이 든 인쇄업자 A씨와 함께 문자 그대로 알제리적인 잡지, 삽화가 들어 있는 잡지를 창간하고 싶었습니다. 이미 견본이 준비된 상태였는데, 총독부에서 A씨에게 만일 저와 협력한다면 더 이상 일감을 주지 않겠다고 경고를 했답니다. 당시 A씨는 총독부의 주문도 받고 있었는데, 총독부를 통해 버는 돈이 전체의 절반 정도나 되었어요. 결국 어쩔 수 없이 저는 오랑으로 갔습니다. 거기에서 학생들을 가르치면서 힘들게 생활했습니다."

"자네는 알제리 인민당(PPA)의 초창기 당원이었지?"

"예, 저는 한 아랍어 신문3을 전담하고 있었어요. 그때는 공산주의자들이 아랍 국민당을 지지하고 있었습니다. 그러다가 갑자기 국민당과 결별했습니다. 아랍 젊은이들이 제게 와서 이것에 대해 어떻게 생각하는지 물었죠. 제가 공산당을 떠난 것은 바로 그 무렵입니다……"

---

3 사장이 자본금을 회수해서 떠나 버린 탓에 그가 그만두어야 했던 신문.(원주)

○

그러나 과거를 강조하지는 말자. 알베르 카뮈에게 알제리 전쟁은 내전이었고, 그래서 그는 동시에 양쪽 입장에 서 있을 수밖에 없었다.

그는 알제리 문제에 관해 우선 본국의 여론에 알리기 위해 할 일을 다 했다는 생각을 갖고 있었으며, 이 문제가 사람들의 관심을 끌도록 하기 위해서는 매우 심각한 사태를 유발할 필요가 있었다는 것을 인정했다.

그러고 나서는 다음 사항을 다시 이야기했다. 이것은 그에게는 핵심적인 것으로 보였고 원칙의 구실을 했다. '어쨌든 아랍인과 프랑스인은 함께 살도록 운명 지어져 있으므로, 함께 살아갈 길을 찾아내야 한다.' 그는 프랑스와 알제리의 분리가 가능하지도 바람직하지도 않다고 보았다.

불행히도 알제리에서는 몽테뉴와 앙리 4세 시대에 프랑스를 종교 전쟁으로부터 빠져나올 수 있도록 해 준 그러한 중립당이 만들어지지 않았다. 그나마 온당한 휴전 계획이 세워졌으나 호응을 얻지 못했다.

○

그해(1955년) 알제의 정세는 평온했는가? 그렇지 않았다. 저녁이면 사람들이 무장을 하고 거리로 나섰다.

'어머니는 공포에 질리셨다. 전날 저녁에 어머니가 살고 계시는 벨쿠르구에서 한 아랍 상인이 가게의 철판 덧문을 내리고 있다가 칼에 찔려 죽었기 때문이다.'

알베르 카뮈는 어머니가 알제리를 떠나도록 애썼다. 그는 어머니가 프랑스의 자기 집 근처에 거주하기를 바랐다. 그의 어머니는 프랑스로 오는 데 동의했지만, 체념하고 프랑스에 남아 있을 수가 없었다. 그녀는 너무나 낯선 땅에 있다는 느낌에 사로잡혔다. 그녀의 나라는 프랑스가 아니었다. 그의 삼촌도 역시 프랑스에 머물지 못했다. 그들은 매일 매일 겪어야 하는 위험이 따르는데도 알제로 되돌아갔다.

그러나 1955년 11월 15일 알베르 카뮈는 그의 어머니와 삼촌이 남프랑스 지역에 와서 살기로 마음을 정했다고 말했다. 그러나 그들은 이 결심을 실행할 수 없었다.

○

알제리의 프랑스인들은?

'그들은 알제리를 떠나지 않겠다는 굳은 결심을 하고 있었다. 그러나 불행히도 그들의 태도는 비타협적이다. 그들은 군대가 와서 자신들을 구해 주기만을 바라고 있다.'

어쨌든 5월 13일 이전까지는 그랬다.

○

본국의 프랑스인들은?

'그들은 알제리에 대해 관심이 없다. 나는 독자들로부터 알제리 문제에 관한 편지를 받고 있는데, 교양 있는 독자들조차 이렇게 말한다. 아랍인들과 알제리의 프랑스인들이 함께 해결하도록 내버려 둡시다.'

알베르 카뮈에게 이러한 태도는 무지와 책임 회피를 의미하는 것이었다. 그는 문제를 교묘히 피하지 않고 정면 대결하기를 바랐다. 정면 대결! 실로 이것이 그에게 잘 어울리는 표현이다. 그는 옆으로 비켜서거나 뒤로 물러나려고 하지 않았다. 그는 아랍인들, 알제리의 프랑스인들에게 본국의 프랑스인들이 평화 보장의 언질을 해 주고 합법적으로 획득된 권리를 유지시켜 주고 그들 각자에게 합당한 지위를 부여해 주어야 한다고 생각했다. 요컨대 그는 전쟁이 발발하기 전에는 블룸 비올레트 선언4에 호의적이었고, 전쟁이 일어난 뒤에는 평화를 가져다줄 수 있는 모든 제안에 호의적이었다.

    그가 많은 본국 프랑스인들에 대해 나쁜 인식을 갖고 있었던 것은 아니다. 그들에 대해 그는 알제리의 프랑스인들이 지녔을 법한 인식을 갖고 있었다.

○

    1958년 5월 13일 전까지는 1956년 2월 6일이 이른바 알제리 전쟁에서 가장 중요한 날이다. 바로 그날, 제4공화국은 양 진영 사이에서 심판의 역할을 하는 데 그쳐서는 이 전쟁을 종식시킬 수 없다는 입장을 드러냈다. 타협을 지지하는 군사령관을 알제리 총독으로 임명한 당시 수상이 시위 군중 앞에서 자기가 임명한 사람의 사표를 수리함으로써 강경론에 굴복하는 듯했다. 알베르 카뮈는 근심에 빠졌다. 전전날 우리가 점심 식사를 하고 있던 레스토랑에서 지

---

4 식민지 문제를 해결하기 위해, 모든 알제리인에게 시민권을 부여하자고 주장한 선언이다.

배인이 카뮈에게 그의 동향인들의 배짱에 대해 칭찬했다. 그는 대답하지 않았다. 해결의 희망은 멀어져 갔다. 그는 괴로워했다.

○

많은 노력 끝에 '정전위원회'가 구성되었고, 그런 뒤에 알베르 카뮈는 1956년 1월 중순 알제로 떠났다.

그는 자신이 발휘할 수 있는 효과에 관해 결코 환상을 품지 않았다. 그러나 자신의 역할을 통해 상황을 분명하게 밝혀 줄 수 있다고 생각했다. '각자가 원하는 바를 보여 줄 것이다.' 어쨌든 이 제안의 첫 번째 효과는 사람들을 어둠에서 나오게 하는 것이었다고 그는 말했다.

○

1956년에 그는 건축가이자 화가인 한 친구의 운명을 돌보게 된다. 카뮈는 그가 몇 주 동안 감금된 후 곧 석방될 수 있도록 했다.

이 젊은 날의 친구는 1957년 10월 파리로 왔다. 카뮈가 우리에게 말한 바에 의하면, 그는 열일곱 명의 다른 사람들과 함께 감방에서 십칠 일을 보냈다. 그들 중에는 몸에 문신을 한 사나운 두목이 있었는데, 그가 카뮈의 친구고 카뮈가 그를 변호하고 있다는 것을 알고는 그에게 "멋진 우정이야!"라고 말한 뒤에 『반항하는 인간』 몇 구절을 암송했다고 한다.

○

『적지와 왕국』이 출간된 것은 1956년이다. 이 책에 포함된 중편 소설은 주제와 어조가 매우 다양하다. 이것은 의도적인 결과다. 이 중에서 두 편, 곧 「간부」와 「손님」은 알제리를 무대로 한 이야기다.

비속한 정신의 소유자인 알제의 유럽 소상인의 아내가

다른 지역과 격리된, 일종의 자치권이 있는 므잡을 여행하다가, 므잡의 수도 가르다이아에서 어떤 아랍 늙은이가 저녁이면 성벽 지대에서 주위로 눈길을 전혀 돌리지 않고 천천히 산책하는 것을 보고는 그의 위풍당당한 모습에 깊은 감명을 받는다. 그때 그녀는 마음속으로 남편을 속인다.

처음 읽은 독자는, 유럽인과 아랍인 사이의 대조가 매우 강하고 한쪽이 다른 한쪽에 비해 지나치게 비하되어 있다고 생각하기 쉽다.

알베르 카뮈의 말을 들어 보자. '그러나 역사적 맥락과 현재의 상황이 없다면 문제도 없을 것이라고 생각해야 한다. 사막 주민의 고결함은 도시의 상점 주인과 비교해 보면 이론의 여지 없이 분명하다. 게다가 또 문제의 유럽인이 '보잘것없는 백인'이라는 사실을 참작해야 한다.

어쨌든 느닷없이 일어날지도 모르는 사건들 때문에, 진실하다고 생각되는 것에 변화를 줄 이유는 없다.(이 표명은 알베르 카뮈라는 인물을 묘사하는 데 매우 도움이 된다.)

앞에서 언급한 대화 중에 나는 그에게, 엄밀하게 문학

적인 관점에서 보면 「손님」은 이슬람교도 진영에도 기독교도 진영만큼 용감한 기사들이 많은 「해방된 예루살렘」[5]을 생각나게 한다고 말했다. 그리고 이 작품은 정열이 배제된 회상기다. 어쨌거나 알베르 카뮈는 아랍인들도 프랑스인들도 자신을 제대로 평가하지 않을 것이라고 생각했다. 그는 자신의 문학이 프랑스와 아랍 중에서 어느 한쪽 편을 드는 문학으로 전락하지 않게 하려고 애썼으며, 자신의 생각을 변질시키지 않고 가능한 한 정확하게 나타내려고 노력했다.

「간부」에서 그는 남편의 비열함을 완화시켰다. 여자와 남자의 대조를 과장되게 만들지도 모르기 때문이었다.

그는 무엇보다 균형을 추구했다. 그래서 알제의 한 국회의원이 제안한 연방제 계획안을 지지한 것이다.

○

그가 노벨 문학상 수상자로 결정되었다는 소식을 접했

---

[5] 토르콰토 타소(Torquato Tasso, 1544~1595)가 쓴 장편 서사시.

을 때,(10월이었다.) 내게 그의 편지가 도착했다. 12월에는 상을 받으러 스톡홀름으로 가야 했다.

저는 1914년부터의 알제리에 관한 책을 준비하고 있습니다. 그래서 알제리로 가서 몇몇 장소를 조용히 돌아보고 싶습니다. 다음 달, 그러니까 11월이면 그럴 짬이 날 듯도 합니다. 하지만 길지는 않을 것입니다.

그 책은 틀림없이 『최초의 인간』이었을 것이다.
그는 『악령』의 연극 각색을 먼저 끝내고 싶었을 것이다.

○

1958년 2월, 그는 슬프고 암울했다. 몹시 불안해 하면서 과연 알제리로 떠날 수 있을까 하고 자문하고 있었다.
그는 알제리에 관한 포고령에 서명을 거부했다.
그는 프랑스의 사키에트 폭격을 한탄했다.

그는 사면을 얻어 내기 위한 중재 요청을 받아들였다. 그는 그 일을 아무에게도 의논하지 않았다. 그가 탄원서를 쓴 것은 스스로 결정한 일이었다. 그는 자주 탄원서를 썼다. 필요할 때면 외국 국가 원수들에게도 탄원서를 보냈다. 그는 공식적인 자리에서뿐만 아니라 친구들에게도 이 개입에 대해 절대로 자랑스럽게 말하지 않았다.

○

스톡홀름에서 카빌이라는 사람이 튀어나와 카뮈가 국민해방전선을 옹호하지 않았다고 비난했다. 카빌이라는 사람 앞에서 그는 자신이 아랍인들을 위해 사회 운동을 했다는 이유로 알제리에서 첫 번째로 추방된 신문 기자였다는 사실을 상기시켰다. 그랬는데도 그 사람이 계속해서 따지고 들자 더는 참을 수 없게 되어 이렇게 대답했다. "나도 정의의 편이오. 하지만 정의와 내 어머니 중에서 선택을 해야 한다면, 나는 기꺼이 내 어머니를 택하겠소."

이 답변에 어떤 이들은 빈정거릴 수도 있기는 하지만 나라와 사람에 따라 특수한 시각에서 보면 반드시 그런 것만은 아니다.

알베르 카뮈가 어머니에 대해 이야기하고 '정의'에 대항해 어머니 편을 들겠다고 말했다고는 하나, 사실은 애써 선택할 필요가 없다. 어머니와 정의는 완전히 일치하는 것이기 때문이다. 그의 어머니는 오래전에 알제리 땅에 정착한 가난한 집안의 딸이었다. 알베르 카뮈는 자신의 특수한 경우를 벗어난 더 일반적인 문제만을 암시할 수밖에 없었다. 그러므로 딜레마는 없었다. 또 다른 질문에 그는 다음과 같이 답변했다. "아무튼 내가 말할 수 있는 것은, 내 펜은 어느 당에도 어느 국가에도 봉사한 적이 없다는 것입니다." 카빌이라는 사람을 포함하여 모든 청중이 갈채를 보냈다.

○

알베르 카뮈의 정신 속에서는 알제리와 어머니가 분리

되어 있지 않았다. 그는 이 둘을 똑같이 사랑했다.

양자는 모두 그에게 과거의 핵심 부분이었다. 내가 앞에서 말한 바 있듯이, 그는 나이를 먹어 갈수록 점점 더 과거에 기댈 필요를 느꼈다.

이 특별한 경우에서 역설적인 것은 알제리가 그곳에 정착한 이들에게는 과거가 없는 땅이었다는 점이다. 1848년 많은 군중이 운집한 가운데 센강에서 배를 타고 운하와 철도를 통해 마르세유에 이르고 뒤이어 아프리카로 간 사람들은 자신들 뒤에 아무것도 남겨 놓지 않았으며, 아무것도 모르는 적대적인 미개의 땅에 머물러야 했다. 이것이 가난한 사람들의 처지였다. 예를 들어 알베르 카뮈의 아버지는 알자스 출신이었고 어머니는 스페인계였다. 그들에게는 모든 것이 새로웠고, 모든 것이 이루어 나가야 할 것이었다.

자신의 뿌리를 찾아 나선 알베르 카뮈는 알제리 도시들의 시청에 고문서가 보관되어 있지 않다는 사실을 확인했다. 미래 역시 불확실성으로 가득 차 있었다. 간직할 것이라고는 눈을 씻고 봐도 없었다. 짓고 부수고 다시 짓는 것, 이것이 과거 없는 사람들, 유지해야 할 전통도 따라야 할 교훈도 눈앞의 본보기도 없이 단지 햇빛 속에서 살기에 행복할 뿐인 사람들의 일상적인 일이었다.

지중해 연안의 여러 나라에서 온 사람들과 원주민들 사이의 관계는 틀림없이 그에 의해 그 복잡한 세부까지 생생하게 묘사되었을 터였다. 그러나 알제리에서 살아 본 적이 없는 사람에게 이 관계에 대해 말하는 것은 사어(死語)로 글을 쓰는 것과 같을 것이다. 『알제리 연대기』(1958)에는 작가가 열정적으로 사랑한 나라에 대한 감정이 충분히 표출되어 있다.

11

『이방인』과 카뮈가 젊은 시절에 쓴 또 한 편의 작품을 다시 읽다 보면 귀에 들리는 듯싶은 소리에 사로잡힌다. 야성의 부르짖음. 융화하지도 않고 융화할 수도 없는 존재의 부르짖음. 사람의 외침이라기보다는 부당하게 상처받은 짐승의 울부짖음. 또는 이유도 모른 채 유죄 선고를 받은 사람의 외침. 그것은 부르짖음이다. 설명의 요구도 항변도 아니며, 절차를 거치게 되어 있는 그 어떤 것과도 아무 관계가 없다. 덫에 걸린 짐승의 울부짖음. 그는 「칼리굴라」처럼 몸부림치려고 할지도 모르며 재판관이자 동시에 속죄자인 뫼르소처럼 자책하려 할지도 모른다. 실제로 이 절규에는 어떤 불순물도 섞여 있지 않다.

너무나 순수해서 입 밖으로 낼 필요도 없다. 역설적이게도 그것은 침묵에 의해 표현된다. 삶 때문에, 사회에 의해 법정으로 끌려 나온 사람은 아무 말도 하지 않는다. 그러나 그가 침묵하는 데 억지로 들이고 있는 힘은 폭발하기 쉽다. 이 힘은 그 심상치 않은 침묵에 귀를 기울이는 사람 안에서 폭발한다.

여기에서 우리는 마치 손가락으로 만지듯이 모든 성공한 작품의 황금률을 건드린 셈이다. 작품의 효과는 운명적으로 작품을 읽게 되어 있는 사람에게서만 느껴지는 법이다. 칼은 희생자의 살에 박힌다. 단, 칼을 휘두르는 자가 희생자까지 휘둘러서는 안 된다. 배우, 작가, 작곡가는 '실행자'일 뿐이어야 한다. 이것은 어떤 작업에 고용된 이들, 심지어는 사형 집행인으로서의 의미다.

실행에 협력하지 않는 모든 것은 없어도 되는 것이다. 그렇지만 작품이 전개되기에 충분한 공간과 시간을 필요로 할 때는 장식의 명목으로 용납할 수 있는 잉여물이기도 하다. 예컨대『파르마의 수도원』,『전쟁과 평화』, 베르사유 궁전, 성 베드로 광장,「최후의 심판」, 바그너 가극 사부작1이 이 경우에 해당한다. 그러나『페스트』의 저자는 서두르지 않을 수 없었다. 그에게는 시간이 한정되어 있었다. 그의 작품의 경우도 그러했다. 빨리 가야 했다.

나는 카뮈라는 사람과 그의 작품에서 그에게 가해진 필연성의 박차를 느낀다.

---

1 '니벨룽겐의 반지'라는 제목으로 모아 놓은 네 편의 가극「라인의 황금」,「발퀴레」,「지크프리트」,「신들의 황혼」을 말한다.

우선 외적 필연성에 대해 말하자면, 그것은 인간에 대해 적대적인, 그것도 이해할 수 없는 적의를 내보이는 세계 안에서 인간에게 부과된 운명을 거부하도록 강제하는 환경의 필연성이다.

사람들은 그에게서 이 필연성의 흔적을 알아봤을까? 물론이다. 그러나 성급함은 카뮈라는 사람에게서 가장 찾아보기 힘든 특성이다. 그는 자신의 성급함을 숨겼으며 자신의 작업에 수반하는 내면의 동요가 간파당하도록 내버려두지 않았다. 여기에서 내가 작품에 대해 말하고 있는 것은 단지 카뮈라는 사람과의 관련에 한정된 것임을 잊지 말아야 한다.

○

매우 기이하게도 일단 목표에 이르자, 목표를 향해 쏜살같이 날아가려는 이 성급함에, 작가 자신도 기한을 알 수 없는 휴식이 뒤따랐다. 도움의 손길도 없이 불치병에 걸려 있건, 아무런 위험도 없이 행복하건, 카뮈는 완전한 무관심을 맛본다. 나는 이 최종적인 차분함이 초기의 반항보다 더 비통한 것은 아닐까 하고 자문한다. 말 없음은 예나 지금이나 마찬가지다. 수락은 결코 체념이 아니다. 이 사람은 온 힘을 다해 행복을 잡으려고 했다. 행복이 쟁취되었을 때, 그는 불운으로 낙담했던 것 이상으로 행복에 도취되지는 않는다. 그는 기쁨과 쓰라림이 뒤섞인 감정으로 초연함을 되찾는다. 그리하여 온갖 사건에 대해 초탈해지는 한층 높은 정신의 경지로 올라선다. 그를 영원토록 혼자이게 하는 것은 자기 자신에 대한, 따라서 상황에 대한 이 지배력이다.

야성의 부르짖음. 그러나 이것은 러시아 혁명가의 아내가 사랑하는 이의 처형 소식을 듣고 토해 낸 절규가 아닐까? 그녀가 헐떡거리며 남편이 처형될 때 무슨 일이 일어났는지를 묻는다. 사람들이 그녀에게 대답한다. 끔찍한 절규.

이것은 『전락』에서 물속으로 몸을 던지는 그 여자의 외침이 아닐까? 그리고 이 작품의 원래 제목은 틀림없이 '외침'이어야 하지 않았을까?

　자, 이제는 다음과 같은 카뮈의 금언을 이해할 수 있을 것이다. '나는 범죄를 저지르지 않기 위해 창작을 택했다.'

○

　일상적인 삶, 여기에서 문제되고 있는 유일한 삶에서, 그리고 이 삶의 가장 명백하게 진부한 부분에서, 알베르 카뮈는 자기 지배의 표지인 그 냉정함의 표본을 보여 주었다. 그는 시니시즘의 유혹을 극복했다. 그러지 않았더라면 시니시즘으로 말미암아 그는 단정적인 어조와 단호한 태도를 취했을지도 모른다. 어느 날 나는 그가 두 손을 개버딘 코트의 호주머니에 찔러 넣고 차가운 시선과 표정 없는 얼굴을 하고서, 서부 영화에 나오는 악당인 양 행동하는 것을 보았다. 그러나 이것은 거울 앞의 배우들처럼 '효과'를 알아보기 위해 장난삼아 한 짓이었다. 그는 이유 없이 적을 만들려 하지 않았다. 그가 무언가를 좋아한다면, 그것은 어떤 것에 '기대어서'가 아니었다. 그는 감탄의 대상에 대해 감탄의 대상을 돋보이게 하는 어떤 것을 굳이 내세우지 않고 그저 감탄할 줄 알았다.

○

그러나 그에 관해 많은 이야기를 했다 싶을 때, 그를 바깥으로부터만, 그가 표명한 것에 의해서만 그려 내고 규정할 수밖에 없었다는 것을 깨닫게 된다. 하지만 그의 내면에는 격심한 고독감이 머무르고 있었다. 게다가 또 그의 작품은 한마디로 결정하기는 어렵지만 『이방인』에서 『전락』에 이르기까지 느낄 수 있는 어떤 분할선을 따라갔다. 그러나 이것을 살펴보는 것은 내 관심사가 아니다. 미래에 대해 말하자면, 그의 힘겨운 노정이 어디로 이르렀을지 아무도 단언할 수 없다. 우리 가운데 어떤 이들은 제멋대로 가정을 세울지도 모른다. 그러나 그러한 가정이 절대로 확실한 것일 수는 없다. 해석하기 어려운 몇몇 지표만이 가까스로 포착

될 뿐이다.

어쨌든 그가 자신의 작품 세계를 결코 완결짓지 못했다는 것은 사실이다. 역설적이게도, 그리고 모든 사상가와는 반대로 그는 더 이상 양보할 수 없는 '최종 제안'을 말함으로써 시작했다. 누구나 받아들일 기본 사항을 지루하게 늘어놓는 것은 아마 그의 기질에 맞지 않았을 것이다. 그는 머릿속에서 떠나지 않는 여러 가지 커다란 문제에 정면으로 도전해 해결책을 찾아내려고, 적어도 인간의 비참을 덜어내려고 애썼다. 그러나 일부러 은폐하려는 것은 아닌데도, 드러날 수 없게 되어 있는 하나의 비밀이 자기 자신의 다른 부분에 묻혀 있다는 것을, 그는 의식하고 있는 듯했다.

파리, 1968년 1월 4일

옮긴이의 말   좋은 선생, 장 그르니에

장 그르니에의 글은 생각만큼 쉽지 않았다. 알베르 카뮈의 '몇 가지 면모를 상기시키기 위한' 책이라고 첫머리에 밝혀 놓았기에 그저 평이한 글이겠지 했다. 그러나 자세한 전기도, 깊이 있는 작품 해석도 아닌 것이 어떤 때는 느리게, 또 어떤 때는 빠르게, 시종일관 조용하고 차분한 어조로 카뮈라는 한 인격체의 미세한 윤곽을 섬세하고 조심스럽게 그려 나갔다. 카뮈에 대한 개념을 확실히 해 준 이번 독서는 매우 인상적인 경험이었다.

이 같은 섬세한 글쓰기는 우선 그르니에의 조심성에서 기인한 것으로 보인다. 알다시피 그르니에는 카뮈의 스승이었고, 이후 카뮈는 위대한 작가가 되었다. 그런 만큼 세상 사람들은 그르니에와 카뮈의 관계, 특히 그르니에가 카뮈에게 미친 영향에 호기심이 많았을 것이며, 카뮈가 자동차 사고로 세상을 떠난 뒤, 그르니에는 사람들의 이러한 호기심에 어떤 형태로든 답변해야겠다는 의무감에 어느 정도 시달렸을 것이다. 이 책이 쓰이는 데는 칠 년 동안의 그런 의무감을 벗어 버리려는 의도도 작용한 것 같다. 어쨌든 그

옮긴이의 말

르니에로서는 카뮈에 관해 글을 쓴다는 것에 부담을 느꼈고 그래서 조심스럽게 이야기할 수밖에 없었을 것이다.

또한 그르니에와 카뮈 사이의 거리 때문에 글이 더욱 치밀해진 측면도 있다. 이 거리는 스승과 제자 사이, 산 자와 죽은 자의 차이, 여러 가지 견해의 차이, 사회적 성장 배경의 차이 등을 포함하는 실존적 간극이다. 이 책에서 그르니에는 시종일관 이 간격을 분명하게 의식하면서 카뮈에 대해 이야기한다. 그는 이 운명적인 간격을 억지로 좁히려고 하지 않는다. 어쩌면 서술자와 서술 대상 사이의 거리가 실재함으로써 이 글이 가능하게 되었을지도 모른다. 그러므로 이 거리는 부정적이지 않다. 그르니에와 카뮈의 우정과 정신적 교류는 바로 이 거리 안에 놓여 있다. 이를테면 그르니에는 이 거리를 카뮈와 자기 자신의 대면에 관한 이야기로 채워 나가는 것이다.

이 책을 다 읽고 나면 순간적으로 그르니에는 사라지고 알베르 카뮈가 눈앞에, 그것도 아주 감동적으로 다가선다. 이 점에서 그르니에는 카뮈를 추억한다는 자신의 목적을, 적어도 한 사람의 독자에게만큼은, 훌륭하게 달성한 셈이다. 예컨대 '부당하게 상처받은 짐승의 울부짖음'이 카뮈의 모든 작품에서 들려온다. 카뮈는 '빨리 가야 할' 필요가 있었고 쫓기면서 인생을 살았다. 그리고 카뮈는 '범죄를 저지르지 않기 위해 창작을 택했다.'는 등의 증언들은 우선 마음속에 깊은 공감, 즉 카뮈와의 동일시 환상을 불러일으키는 동시에 카뮈 언어의 본질적 특성, 그 진면목을 보여준다.

    이 중 '범죄를 저지르지 않기 위해 창작을 택했다.'라는 말에는 승화의 관념이 내포되어 있다. 아버지를 일찍 여의고 가난한 처지에서 힘겨운 인생을 살아간 카뮈는 삶을 예술로 승화시킨 것이다. 그의 작품에는 이러한 심층적 울림이 깃들어 있다. 설령 범죄자로서의 가능성이 자기 비하의 표현일지라도, 진실로 받아들이지 않을 수 없다. 왜냐하면 카뮈는 『이방인』이란 소설을 통해 이 고백을 길게 되풀이하고 있기 때문이다. 뫼르소는 카뮈의 자아를 구성하는 범죄자로서의 가능성을 구현하는 인물이다. 뫼르소에 투

옮긴이의 말

사한 인물을 죽임으로써, 범죄적 정신 에너지를 예술 쪽으로 돌린 셈이다. 여기에 『이방인』의 상징성이 있다. 요컨대 『이방인』이란 소설 전체는 이 책에 실린 카뮈의 고백으로 수렴될 수 있다.

카뮈를 추억하는 이 책은 매우 구체적이다. 그르니에는 카뮈와의 대면에서 실제로 일어난 일만을 기록한다. 그러나 결코 피상적이지 않다. 오히려 실제로 일어난 구체적인 일들만이 본질적인 것이지 않을까. 물론 그르니에로서도 자질구레하고 하찮은 일상의 모든 것을 다 기록할 수는 없었을 것이다. 그래서 이 책은 어차피 역사를 닮을 수밖에 없다. 알베르 카뮈에 관한 그르니에의 이 겸허한 뒷이야기에는 카뮈라는 사람과 그의 작품 세계를 이해하는 데 유용한 열쇠들이 감추어져 있다. 그르니에는 좋은 선생이었다.

갈리마르 출판사에서 1968년에 펴낸 *Albert Camus. Souvenirs*를 번역 대본으로 삼았다. 1997년에 번역한 것을 이번에 대폭 수정했다. 여러 군데의 오역을 바로잡았고 많은 대목의 어색한 표현을 고쳤다.

2020년 10월

이규현

장 그르니에 선집 2
카뮈를 추억하며

1판 1쇄 펴냄	1997년 8월 30일
1판 11쇄 펴냄	2019년 3월 11일
2판 1쇄 펴냄	2020년 10월 16일
2판 2쇄 펴냄	2023년 8월 16일

지은이　장 그르니에
옮긴이　이규현
발행인　박근섭, 박상준
펴낸곳　(주)민음사
출판등록　1966. 5. 19. 제16-490호
주소　서울특별시 강남구 도산대로1길 62(신사동)
　　　강남출판문화센터 5층 (우편번호 06027)
대표전화　02-515-2000
팩시밀리　02-515-2007
홈페이지　www.minumsa.com
한국어판　ⓒ (주)민음사, 1997, 2020. Printed in Seoul, Korea
ISBN　978-89-374-0286-9　04860
　　　　978-89-374-0284-5 (전4권)

잘못 만들어진 책은 구입처에서 교환해 드립니다.